Découvrez l'histoire par les archives de presse

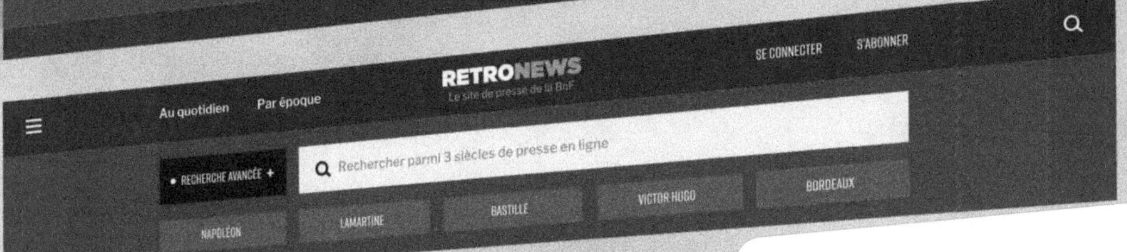

RETRONEWS

Le site de presse de la BnF

www.retronews.fr

ANNALES

DE LA
SOCIÉTÉ D'AGRICULTURE

SCIENCES, ARTS ET COMMERCE

DU DÉPARTEMENT DE LA CHARENTE

TOME LVI

57ᵉ ANNÉE. — 1875

ANGOULÊME

IMPRIMERIE CHARENTAISE DE A. NADAUD

(G. CHASSEIGNAC ET Cᵒ, Sʳˢ)

Rempart Desaix, 26

—

1875

COMPOSITION DU BUREAU

POUR L'ANNÉE 1875

Président honoraire, M. LE PRÉFET de la Charente.

Président, M. E. DE THIAC, ✳✳✳, lauréat de la prime d'honneur au concours régional de 1861, maire à Puyréaux.

Vice-Présidents, { MM. ADHÉMAR SAZERAC DE FORGE, membre du conseil général, négociant à Angoulême.
LEVERT, ingénieur en chef des ponts et chaussées, à Angoulême.

Secrétaire général, M. CLÉMENT PRIEUR, propriétaire et maire à Anais.

Secrétaire-Archiviste, M. CONDAMY, naturaliste, à Angoulême.

Trésorier, M. ROGÉE, ancien pharmacien à Angoulême.

Secrétaire adjoint, M. BŒUF.

LISTE GÉNÉRALE

PAR ARRONDISSEMENT ET PAR CANTON

DES

MEMBRES TITULAIRES

ARRONDISSEMENT D'ANGOULÊME.

1er CANTON D'ANGOULÊME.

MM.

Abadie, propriétaire, La Couronne, 15 novembre 1865.

Albert fils (Ariste), propriétaire, Angoulême, 15 juin 1874.

Allenet, pharmacien, Angoulême, 15 décembre 1857.

Argoullon, vice-président honoraire du tribunal civil, Angoulême, 2 janvier 1836.

Astier, ancien receveur particulier des finances, Angoulême, 15 janvier 1866.

Astier (Robert) fils, Angoulême, 15 juin 1875.

Astier (Ernest) fils, Angoulême, 15 juin 1875.

Aubinaud (Emmanuel), arboriculteur, Angoulême, 15 juin 1875.

Audouin, propriétaire, Saint-Estèphe, 17 août 1874.

Baillarger, imprimeur, Angoulême, 15 mai 1869.

Bénard, président du tribunal civil, Angoulême, 15 avril 1869.

Bergeron, propriétaire, Saint-Michel, 15 janvier 1866.

MM.

Bessette, docteur en médecine, Angoulême, 6 août 1857.

Boiteau (Léonce), négociant, Angoulême, 15 mai 1869.

Bouillaud, docteur, commandeur de la Légion d'honneur, à l'Institution académique des sciences, à Paris, 15 juillet 1875.

Bouniceau, ingénieur en chef des ponts et chaussées en retraite, officier de la Légion d'honneur, Angoulême, 14 janvier 1874.

Bourdin, greffier du tribunal civil, Angoulême, 16 août 1865.

Bourzac, ancien proviseur du lycée, Angoulême, 15 décembre 1857.

Broust (Charles), propriétaire, Roullet, 17 août 1874.

Bujeaud (Clément), Angoulême, 16 août 1875.

Callaud (Jules), propriétaire, rue de la Gendarmerie, n° 16, Angoulême, 15 mai 1869.

Callaud-Bélisle (Georges), propriétaire, au château de Maumont, commune de Magnac-sur-Touvre, 15 avril 1874.

Chaloupin, avocat, Angoulême, 15 février 1858.

Chauveau, fabricant de papier, rampe du Secours, Angoulême, 15 janvier 1866.

Chasseignac (Georges), gérant du *Charentais*, Angoulême, 15 avril 1874.

Clochard (Jules), négociant, Angoulême.

Cluzeau fils, propriétaire, Roullet, 15 décembre 1873.

Canonville, professeur au lycée, Angoulême.

Condamy, archiviste de la Société, Angoulême, 15 mai 1869.

Cordova, propriétaire, rue du Secours, Angoulême, 15 janvier 1866.

Couprie (Henri), directeur de la compagnie d'assurances, *la Charente*, Angoulême, 15 avril 1875.

Daly, médecin-dentiste, rempart Desaix, Angoulême, 15 avril 1868.

Daras, ancien officier de marine, officier de la Légion d'honneur, rue d'Iéna, Angoulême, 15 janvier 1866.

Daras fils aîné, Angoulême, 16 août 1875.

Débouchaud, maire, Nersac, 15 novembre 1864.

Decescaud, avocat, ancien maire d'Angoulême, directeur du Comptoir d'escompte, 15 janvier 1866.

MM.

Decescaud-Vignérias, avocat, Angoulême, 15 mars 1852.

Decoux, propriétaire, Roullet, 15 mai 1874.

Délite-Machenaud, officier supérieur d'administration de la marine en retraite, Angoulême, 15 janvier 1844.

Dérivau, avocat, juge suppléant au tribunal civil, Angoulême, 16 août 1869.

Despéroux fils , banquier, rue de l'Arsenal, Angoulême, 15 mai 1869.

Detoc, trésorier honoraire de la Société, Angoulême, 15 février 1862.

Devaux, maire, La Couronne, 15 juin 1865.

Duchaylard, conseiller de préfecture, Angoulême, 15 juin 1874.

Dulary, négociant d'eau-de-vie, Angoulême, 15 juin 1875.

Engrand (Joseph), négociant, Angoulême, 15 avril 1875.

Eyriaud, docteur en médecine, Angoulême, 14 février 1870.

Fraîche, professeur au lycée, Angoulême, 16 mars 1868.

François, voyer de la ville, Angoulême, 15 janvier 1864.

Fougère (Daniel) fils, Angoulême, 15 juin 1875.

Fougère, vétérinaire, La Couronne, 15 juillet 1875.

Fougère (Georges), Angoulême, 16 août 1875.

Fournier, docteur en médecine, Angoulême, 14 janvier 1870.

Gaborit, pharmacien, Angoulême, 16 août 1875.

Gaignerot de Fondenis, propriétaire, chemin de la Colonne, Angoulême.

Ganivet (Alban), avocat, député, Angoulême, 15 février 1857.

Gigon, docteur en médecine, Angoulême, 16 août 1869.

Gomel (Charles), maître des requêtes au Conseil d'État, Paris, 15 juillet 1875.

Goumard, libraire-éditeur, Angoulême, 15 avril 1869.

Guérin, propriétaire, Saint-Estèphe, 15 juillet 1873.

Guilhot (Hippolyte), suppléant du juge de paix, Angoulême, 15 février 1850.

Guilhot (Eugène), notaire, Angoulême, 15 mai 1869.

Hazard, avocat, conseiller municipal, Angoulême, 15 janvier 1866.

Hériard père, avocat, propriétaire, Angoulême.

Hillairet (Gabriel), pharmacien, Angoulême, 15 avril 1864.

MM.

Houlon, directeur de l'usine à gaz, Angoulême, 15 juin 1874.

Jouannet, directeur du Crédit agricole, Angoulême, 15 janvier 1855.

Lacroix (Adolphe), fabricant de papier, Angoulême, 15 janvier 1866.

Lagarde, adjoint au maire d'Angoulême, Angoulême, 14 janvier 1874.

Lalande (Adolphe), rampe du Palet, Angoulême, 15 juillet 1875.

Laroche-Joubert (Edmond), fabricant de papier, ancien député, Angoulême, 15 juin 1865.

Laroche-Joubert (Edgard), fabricant de papier, Angoulême, 15 avril 1874.

Le Mercier (comte), administrateur du chemin de fer des Charentes, Saintes, 15 mai 1869.

Levert, ingénieur en chef des ponts et chaussées, vice-président de la Société, Angoulême, 15 avril 1869.

Lurat (Aristide), propriétaire, Roullet, 15 janvier 1866.

Machenaud, docteur en médecine, Angoulême, 14 janvier 1870.

Marrot, avocat, conseiller général, Angoulême, 15 mars 1858.

Massonnaud, négociant, rue de Genève, Angoulême, 16 août 1875.

Mathieu-Bodet, député, président du conseil général, rue de Sèze, 4, Paris, 15 juin 1865.

Monteilh (Edmond), avocat, Angoulême, 15 février 1858.

Moreau, employé à la préfecture, Angoulême, 16 mars 1868.

Mourier (Alphonse), commandeur de la Légion d'honneur, vice-recteur à l'Académie, Paris, 15 juillet 1875.

Nadaud, ancien directeur du *Charentais*, Angoulême, 15 avril 1858.

Nadaud (Hilaire), docteur en médecine, Angoulême, 15 juillet 1875.

Nadaud, ancien notaire, Angoulême, 14 février 1870.

Nadaud-Lalande, négociant, Angoulême, 15 juin 1870.

Nanglard, vicaire général de Mgr l'évêque, Angoulême, 14 janvier 1870.

Nouel (Amédée), propriétaire à Mougnac, commune de La Couronne, 14 février 1870.

MM.

Pasquet, industriel, Angoulême, 15 juin 1875.

Penot, propriétaire, Angoulême, 15 février 1865.

Pestre, directeur des contributions directes, Angoulême, 14 janvier 1870.

Pitaud (Ferdinand), agriculteur, adjoint au maire à Saint-Michel, 15 juin 1875.

Planteau du Maroussem, ancien chef de division à la préfecture, Angoulême, 15 janvier 1843.

Planchard, vicaire général, Angoulême, 15 avril 1874.

Préponnier, architecte du département, Angoulême, 16 août 1869.

Puymoyen, ancien avoué, Angoulême, 15 décembre 1857.

Rencogne (de), archiviste du département, Angoulême, 15 avril 1856.

Ribot, conseiller municipal, Puymoyen, 15 janvier 1870.

Rivaud (Gaston), ancien sous-préfet, Angoulême, 15 juin 1873.

Rivaud (Eugène), juge au tribunal de commerce, Angoulême, 16 août 1875.

Robert de Massy, secrétaire général de la préfecture, Angoulême, 15 avril 1874.

Rogée, trésorier de la Société, Angoulême, 15 juillet 1859.

Roux, au Pont-de-Vars, Angoulême, 15 janvier 1866.

Sazerac de Forge (Adhémar), conseiller général, vice-président de la Société, Angoulême, 15 janvier 1861.

Sazerac de Forge (Paul), conseiller général, ancien maire, Angoulême, 15 décembre 1856.

Sazerac de Forge (Abel), avocat, Angoulême, 15 mai 1860.

Sem, fabricant de papier, à Bourisson, commune de Vœuil, 15 mai 1870.

Talhouët (comte de), trésorier-payeur général, Angoulême, 15 avril 1874.

Texier-Pombreton, secrétaire des hospices, Angoulême, 15 juin 1855.

Texier, négociant, place du Mûrier, Angoulême, 16 mai 1870.

Trouillier, ancien notaire, Angoulême, 15 mai 1869.

Vincent, pharmacien, Angoulême, 15 mars 1858.

Warin, architecte de la ville, Angoulême, 15 mai 1869.

2e CANTON D'ANGOULÊME.

MM.

Alamigeon aîné, fabricant de papier, Ruelle, 15 juillet 1871.

Alexandre, ingénieur, Angoulême, 15 novembre 1874.

Baudry fils, propriétaire, à Argence, commune de Champniers, 15 janvier 1866.

Bernard, notaire, Magnac-sur-Touvre, 15 juin 1869.

Bernard, propriétaire, à Grelet, près Angoulême, 16 août 1875.

Bertrand fils, propriétaire agriculteur, Champniers, 16 mai 1870.

Boisnaud (Émile), vétérinaire, Angoulême, 15 juin 1869.

Bouchaud-Praceiq, président de la Boulangerie coopérative, Angoulême, 15 avril 1875.

Bujeaud (Victor), ancien négociant, propriétaire, Angoulême, 15 juin 1861.

Callaud (Eugène), fabricant de chaudières, Angoulême, 15 mai 1860.

Castaigne, négociant, à L'Houmeau d'Angoulême, 15 avril 1857.

Chapeaublanc, entrepreneur, route de Saintes, Angoulême, 26 décembre 1862.

Clément (Charles), propriétaire, Champniers, 16 mai 1870.

David, avocat, Angoulême, 16 avril 1845.

Delâge (Armand), maître de forge, Angoulême, 15 juillet 1871.

Desgraviers (baron), propriétaire, Mornac, 14 février 1870.

Donzole, pharmacien, conseiller municipal, Angoulême, 15 novembre 1869.

Doyen, propriétaire, Balzac, 15 mai 1874.

Dutemps du Gric, colonel-directeur de la Fonderie de Ruelle, 15 mai 1869.

Duvaux, mécanicien, rampe Saint-Cybard, Angoulême, 15 janvier 1857.

Faure, ingénieur, Angoulême, 15 novembre 1874.

Faveraud, propriétaire, Ruelle, 15 juillet 1875.

Foucaud, ancien notaire, Fléac, 15 janvier 1866.

Fougère fils, propriétaire à Boismuzet, commune de Champniers, 15 janvier 1866.

Gontier, maire, Fléac, 15 décembre 1857.

MM.

Guionnet, conseiller municipal, Champniers, 15 janvier 1866.

Julien, vétérinaire, Angoulême, 15 avril 1856.

Lacroix (Justin), fabricant de papier, faubourg Saint-Cybard d'Angoulême, 15 février 1858.

Lacroix (Eugène), fabricant de papier, faubourg Saint-Cybard d'Angoulême, 15 février 1858.

Machenaud (Léon), brasseur, à Saint-Cybard d'Angoulême, 15 juillet 1859.

Machenaud fils (Edgard), brasseur, à Saint-Cybard d'Angoulême, 15 avril 1874.

Maigret, propriétaire, à Feuillade, commune de Champniers, 15 juillet 1875.

Mamoz (Denis), rentier, rue du Renclos, Angoulême, 17 août 1874.

Mathieu (Mathurin-Belot), propriétaire, aux Mornats, commune de Fléac, 15 novembre 1861.

Matignon, négociant, faubourg L'Houmeau d'Angoulême, 15 février 1861.

Matignon fils, conseiller de préfecture, Angoulême, 15 décembre 1873.

Maufras fils, propriétaire, L'Houmeau-Pontouvre.

Mayoux, propriétaire, Chez-Suraud, commune de Champniers, 15 juillet 1875.

Montulé (Victor de), propriétaire, à Saint-Cybard d'Angoulême, 15 avril 1874.

Navarre, propriétaire, Mornac, 15 janvier 1851.

Pajot, conducteur des ponts et chaussées, Angoulême, 15 juillet 1871.

Piveteaud, propriétaire, L'Houmeau-Pontouvre, 15 juillet 1875.

Richon fils (Pierre), propriétaire, Balzac, 15 janvier 1870.

Richon, propriétaire, Champniers, 15 mai 1860.

Roby fils, greffier du tribunal de commerce, Angoulême, 15 novembre 1874.

Ruhierre, conseiller de préfecture, Angoulême, 15 novembre 1874.

Saulnier, vétérinaire, Pontouvre, 14 février 1870.

Toyon aîné, propriétaire, Chez-Suraud, commune de Champniers, 15 décembre 1864.

M.

Trousset (Camille), fabricant de toiles métalliques, Angoulême,
15 avril 1860.

CANTON DE VILLEBOIS-LAVALETTE.

MM.

Aigre, propriétaire, Fouquebrune, 16 août 1866.

Bourrut-Duvivier, juge de paix, Villebois-Lavalette, 15 novembre 1851.

Chambaud, propriétaire, aux Bournis, commune de Gurat,
15 avril 1874.

Debect, propriétaire, Dignac, 15 avril 1843.

Debect, maire, Villars, 16 août 1875.

Delugin (Victor), propriétaire, Gurat, 15 avril 1874.

Déroulède (Paul), lieutenant au 30ᵉ chasseurs, propriétaire à
Langely, commune de Gurat, 15 avril 1875.

Dufresse de Chassaigne, docteur-médecin, Fouquebrune,
15 janvier 1841.

Dumas, docteur en médecine, Villebois-Lavalette, 15 novembre
1869.

Escoubeyrou, propriétaire, maire, Gardes, 15 janvier 1866.

Fèvre, propriétaire, Vaux-Lavalette, 15 avril 1874.

Lacouture (Hector), propriétaire, Gurat, 15 janvier 1866.

Lacouture (Lémerie), propriétaire, Gurat, 15 mars 1875.

Lacouture (Auguste), propriétaire, Gurat, 15 mars 1875.

Lambert, propriétaire, à Malaisie, commune de Gardes, 15 juillet 1875.

Lavigne, docteur en médecine, Dignac, 16 août 1875.

Nouel, propriétaire, Villebois-Lavalette, 15 janvier 1866.

Robuste de Laubarière père, conseiller général, Villebois-
Lavalette, 15 juin 1865.

Robuste de Laubarière fils, ex-secrétaire général de préfecture,
à Bernac, commune de Rousenac, 14 janvier 1870.

Sabourdin fils, maire, Vouzan, 15 janvier 1866.

CANTON DE BLANZAC.

MM.

Biard, conseiller municipal, Blanzac, 15 janvier 1866.

Bourdin, juge de paix, Blanzac, 16 août 1865.

Boucherie, propriétaire, maire, Voulgézac, 16 mai 1870.

Chadeffaud, maire, Cressac, 15 avril 1874.

Chasseriaux, conseiller d'arrondissement, Mouthiers, 14 février 1870.

Chassin, propriétaire, Blanzac.

Deschamps aîné, négociant, Jurignac, 15 janvier 1866.

Fonchin, propriétaire, Chez-Maillard, commune de Mainfonds, 15 janvier 1866.

Giraud (François), maire, Blanzac, 15 mai 1874.

Grellier, propriétaire, conseiller municipal, Mouthiers, 14 février 1870.

Labonne, ancien maître de pension, Blanzac, 16 août 1865.

Michaud, propriétaire, Claix, 15 avril 1875.

Noblet, propriétaire, Mouthiers, 14 février 1870.

Ribot, propriétaire, commune de Mouthiers, 15 mars 1875.

Seguin, propriétaire et maire, Chadurie, 16 août 1866.

Tripelon, propriétaire-négociant, Jurignac, 15 juillet 1875.

Vantenat, propriétaire, au Ménadeau, commune de Mouthiers, 15 juin 1874.

Varagnac, propriétaire, Voulgézac, 14 février 1870.

CANTON DE SAINT-AMANT-DE-BOIXE.

MM.

Amiaud, notaire, Vars, 15 mai 1869.

Audhouin, propriétaire, Saint-Amant-de-Boixe, 15 mai 1873.

Bernardaud, propriétaire, Xambes, 14 janvier 1870.

Bouillat (Jean), propriétaire, à Rouhénat, commune de Vars, 16 mai 1870.

Bouyer-Lavallée, propriétaire, Coulonges, 15 juin 1870.

Burat, propriétaire, Vars, 16 mai 1870.

Charron fils, propriétaire, Vouharte, 15 novembre 1864.

Chausse (Jean), à Marcheville, commune de Mainxe, 15 juillet 1875.

MM.

Chevroux (Dauphin), propriétaire , Saint-Amant-de-Boixe, 15 avril 1874.

Clément Prieur, maire, secrétaire général de la Société, Anais, 16 août 1854.

Degail, instituteur, Vervant, 14 février 1870.

Dubois-Chemison, ancien receveur de l'enregistrement, Saint-Amant-de-Boixe, 15 mai 1866.

Duboys de Labarre, propriétaire, au Puy-Français, commune d'Anais, 14 février 1870.

Fouchier (Jean), propriétaire, Vouharte.

Gratreau, notaire, Tourriers, 14 janvier 1870.

Guérin-Boutaud, propriétaire, La Chapelle, 16 mars 1863.

Imbaud, propriétaire, Tourriers, 15 février 1864.

Laborde, propriétaire, Montignac-Charente.

Lesieur (Léon), propriétaire, Saint-Amant-de-Boixe, 15 juillet 1874.

Lotte, mécanicien, Montignac-Charente, 15 mai 1869.

Marquais, propriétaire, à L'Hermitage, commune de Vars, 14 février 1870.

Masquet, propriétaire, Vars, 15 décembre 1866.

Mesmain, huissier, Montignac-Charente.

Mesnard, propriétaire, officier ministériel, Montignac-Charente, 14 février 1870.

Montardy (de), au château de la Forêt, commune de Saint-Amant-de-Boixe.

Mousset fils aîné, propriétaire, Montignac-Charente, 14 février 1870.

Nadaud (Victor), propriétaire, à Churet, commune d'Anais, 16 mars 1869.

Nebout, propriétaire, à Beaumont, commune de Vars,

Pasturaud, maire, Vars, 15 novembre 1861.

Paziot aîné, propriétaire, Montignac-Charente, 15 mars 1875.

Pelletan-Baudry, propriétaire, Montignac-Charente, 14 février 1870.

Penot, propriétaire, Saint-Amant-de-Boixe.

Penot, propriétaire, Xambes.

Petit, propriétaire, au Breuil, commune de Vouharte.

Pierrière (Gustave), La Chapelle.

MM.

Prémont, conseiller d'arrondissement, docteur-médecin, chevalier de la Légion d'honneur, Saint-Amant-de-Boixe, 15 janvier 1843.

Régnier, propriétaire, à Nitrat, commune de Saint-Amant-de-Boixe, 15 mai 1873.

Régnier, propriétaire, Saint-Amant-de-Boixe, 15 mai 1874.

Rossignol (Jean), propriétaire, à Grand-Jean, commune de Vars, 14 février 1870.

Rouaud, propriétaire, Saint-Amant-de-Boixe, 15 juillet 1873.

Roux (Jean), propriétaire, à Nitrat, commune de Saint-Amant-de-Boixe, 14 février 1870.

Roux (Pierre), à La Fichère, commune de Saint-Amant-de-Boixe, 15 juillet 1875.

Servant fils, minotier, à Coursac, commune de Vars, 14 février 1870.

Védrenne, propriétaire, ancien maire, Saint-Amant-de-Boixe, 15 novembre 1858.

CANTON DE ROUILLAC.

MM.

Bersiaud (Jean), propriétaire, Gourville, 15 juillet 1875.

Bilhouet fils, propriétaire, à Dauve, commune de Gourville, 15 juin 1874.

Boinaud (Émile), vétérinaire, Saint-Cybardeaux.

Bonnenfant (Jean), propriétaire à Loret, commune de Rouillac, 15 juillet 1875.

Bouchey, ancien instituteur, Montigné, 15 mai 1869.

Briand, propriétaire, Rouillac, 15 janvier 1866.

Bussac (Charles), propriétaire, au Bourg-des-Dames, commune de Courbillac, 15 mai 1873.

Compte (Élie), instituteur, au Temple, commune de Rouillac, 15 mars 1872.

Couprie, négociant, Gourville, 15 janvier 1866.

Darnal, conseiller général, Gourville, 15 juillet 1875.

David, propriétaire, Anville, 15 mars 1872.

Georget (Octave), propriétaire, Gourville, 15 juin 1875.

Gourgue, propriétaire, maire, Sonneville, 15 janvier 1866.

MM.

Greuzille (Hector), négociant, à Ferrière de Gourville, 15 mai 1874.

Guillot, docteur-médecin, Gourville, 15 juillet 1875.

Hervé, mécanicien, Rouillac, 15 janvier 1865.

Lacroix (Jean-Baptiste), propriétaire, Sonneville, 15 mai 1873.

Laplace jeune, propriétaire, Montigné, 14 janvier 1870.

Maurin (Pierre), instituteur, Saint-Cybardeaux.

Normandin, propriétaire, Rouillac, 15 novembre 1858.

Pallas fils, négociant, Gourville, 15 juin 1875.

Petit (Jean), propriétaire à Mons, par Luxé, 14 février 1870.

Roby (Léonard), propriétaire, Marcillac, 15 juillet 1875.

Rousseau, propriétaire, Saint-Cybardeaux, 15 juillet 1856.

Rousseau (Louis), négociant, Gourville, 15 mai 1874.

Tijous, propriétaire, à Pontour, commune de Genac.

Vallier (Zénobe), propriétaire, Bignac, 6 août 1857.

CANTON DE LA ROCHEFOUCAULD.

MM.

Barbarin (de), propriétaire, Rancogne, 15 juillet 1873.

Bernard (Théodore), propriétaire, à La Chabanne, commune de Saint-Projet, 14 février 1870.

Bourrand, docteur en médecine, La Rochefoucauld, 15 juin 1865.

Desplanche (Eugène), propriétaire agriculteur, Bunzac, 15 avril 1874.

Du Lau (vicomte), propriétaire, Saint-Projet, 15 janvier 1866.

Fouquet (Joseph), propriétaire, Marillac, 15 mai 1875.

Guignard (François), instituteur, Saint-Projet.

Labregère fils, propriétaire, Yvrac, 15 avril 1864.

Laurière (Justin de), propriétaire éleveur, La Rochefoucauld, 14 février 1870.

Lenchère (de), propriétaire, Saint-Projet.

Nadaud, propriétaire, maire, Chazelles, 15 juin 1865.

Pintaud (Ferdinand), propriétaire aux Cours, commune de La Rochefoucauld, 15 juin 1875.

Quillard, propriétaire, La Rochefoucauld, 15 janvier 1866.

Ribérolles (baron de), propriétaire, Rivières, 15 décembre 1856.

MM.

Ruffray (Ernest de), propriétaire, à La Forge, commune de Rancogne, 15 juin 1875.

Saumon, agriculteur, au château de La Rochefoucauld, 15 novembre 1869.

Tourette (Émile), propriétaire, Pranzac, 14 janvier 1874.

Villemandy (de), avocat, La Rochefoucauld, 15 avril 1856.

CANTON D'HIERSAC.

MM.

Caute (Jean), propriétaire, à Neuillac, commune d'Asnières.

Gaultier, notaire, Hiersac, 15 novembre 1861.

Gaultier (Henri) fils, Hiersac, 16 août 1875.

Gratreau, propriétaire, Hiersac, 15 juin 1873.

Joumier, propriétaire à Puybollier, commune d'Échallat, _ 15 juillet 1875.

Labrousse, propriétaire, Champmillon, 15 avril 1869.

Lafond, propriétaire, Trois-Palis, 16 mars 1868.

Lambert, propriétaire, Trois-Palis, 15 novembre 1861.

Lussaud, propriétaire, à Lhoume, commune d'Asnières, 15 juin 1875.

Machenaud (Émile), propriétaire, Hiersac, 16 août 1875.

Martin, maître de forges, Sireuil, 17 août 1874.

Martin (Philémon), à Beaucaire, commune de Saint-Amant-de-Nouëre, 15 mai 1875.

Mathieu-Bodet, propriétaire, maire, Saint-Saturnin, 30 novembre 1842.

Mathieu-Bodet (Abel) fils, propriétaire, Saint-Saturnin, 15 juillet 1875.

Maurin, propriétaire, à Lhabit, commune d'Échallat, 15 novembre 1861.

Mercier, propriétaire, aux Sirets, commune de Linars, 15 mars 1872.

Siret, propriétaire, Saint-Saturnin.

Valteau, négociant, propriétaire, Hiersac, 16 mars 1869.

Valteau-Fouquet, juge de paix, Hiersac, 15 novembre 1861.

Valteau (Gustave), propriétaire, Vindelle, 15 mai 1873.

Veillon (Amédée), propriétaire, à Neuillac, commune d'Asnières, 15 juin 1875.

CANTON DE MONTBRON.

MM.

Arrondeau-Chabrignat, maire, Rouzède, 15 août 1857.

Bodard de La Jacopière (vicomte de), propriétaire, au château de Lachaise, commune de Montbron, 15 avril 1874.

Broussard, propriétaire, Montbron, 15 janvier 1855.

Ferrière (de), propriétaire, Montbron, 15 décembre 1858.

Fornel (de), propriétaire, à Limérac, commune de Marthon, 15 mai 1874.

Fouchier (Alfred), propriétaire, Montbron, 15 juin 1870.

Guy de Vassoigne (vicomte), propriétaire, Grassac, 15 décembre 1873.

Lavigerie (de), propriétaire, Montbron, 15 mars 1858.

Noël, propriétaire, Mainzac, 15 décembre 1868.

Paignon (Eugène), propriétaire, Montbron, 15 mai 1874.

Vallantin-Dulac, notaire, conseiller général, Montbron, 15 juin 1865.

ARRONDISSEMENT DE BARBEZIEUX.

CANTON DE BARBEZIEUX.

MM.

Banvillet, vétérinaire et maire, Barbezieux, 16 août 1865.

Bernard (Pierre), propriétaire, Saint-Palais-du-Né, 15 janvier 1866.

Bertin (Victor), propriétaire, Barbezieux, 15 juin 1865.

Boucherie-Papineau, président honoraire du tribunal civil, Barbezieux, 15 juin 1865.

Boutelleau, propriétaire, directeur de la Société vinicole de Barbezieux, 15 juin 1865.

Clouet (Eugène), propriétaire, Guimps, 15 juin 1869.

Dumontet, propriétaire, Saint-Médard, 15 juin 1874.

Gaillard fils, négociant, Barbezieux, 15 juin 1865.

Gaschet, ancien maire, Barbezieux.

Goulard, receveur particulier des finances, Barbezieux, 15 avril 1874.

MM.

Guimberteau, procureur de la République, Barbezieux, 15 février 1853.

Hillairet, notaire, Barbezieux, 15 juin 1865.

Mallet, propriétaire, Barbezieux, 16 août 1866.

Meslier, avocat, conseiller général, Barbezieux, 15 juin 1865.

Monnereau, propriétaire, Guimps, 16 mai 1870.

Rochard, vétérinaire, Barbezieux, 15 juin 1865.

CANTON DE CHALAIS.

MM.

Angelvy, maire, Saint-Christophe, 15 juin 1865.

Audouin, propriétaire, Montboyer, 15 juillet 1875.

Gatay, docteur en médecine, Saint-Christophe, 15 novembre 1861.

De Lamballerie, ancien conseiller général, Saint-Christophe.

Lajeunie, conseiller général, maire, Saint-Quentin de Chalais, 15 mars 1872.

Lavaud (Edmond), receveur de l'enregistrement, Chalais, 15 juin 1872.

Papillaud, instituteur, Montboyer, 15 juillet 1875.

CANTON DE MONTMOREAU.

MM.

Audhouin, maire, Juignac.

Bourdier-Lanauve, conseiller général et maire, Bors de Montmoreau, 15 avril 1869.

Dupas (Antoine), propriétaire, adjoint au maire, Courgeac, 15 janvier 1866.

Gros, propriétaire, Montmoreau, 15 janvier 1866.

Sauvage fils aîné, propriétaire, Saint-Cybard de Montmoreau, 15 janvier 1866.

CANTON DE BROSSAC.

M.

De Lafaye du Bourgoin, conseiller général, Brossac, 15 mars 1872.

CANTON DE BAIGNES.

MM.

Carbonnel (de), ancien receveur général à Toulouse, à Saint-
Bernard, près Baignes-Sainte-Radégonde.
Got, notaire, Baignes, 15 juin 1865.

CANTON D'AUBETERRE.

MM.

Baillely, propriétaire, Aubeterre.
Chertier, propriétaire, Laprade, 15 novembre 1866.
Daguerre, conseiller général, Saint-Séverin, 15 mars 1872.
Delisle, propriétaire, Montignac-le-Coq.
De Sanzillon, maire, Montignac-le-Coq, 15 décembre 1859.
Malas fils, propriétaire, à Touvent, commune d'Aubeterre,
14 février 1870.
Patureau-Lanauve, propriétaire et maire, Bonnes, 15 juin 1865.

ARRONDISSEMENT DE COGNAC.

CANTON DE COGNAC.

MM.

Bouraud, propriétaire, Cognac, 15 juin 1865.
Boisnard, négociant, Cognac, 16 mai 1870.
Brunet fils, propriétaire, Gimeux, 15 juin 1869.
Brunet, propriétaire, à Lacour, commune de Cognac, 15 janvier
1866.
Chevallier, pharmacien, Cognac, 15 avril 1874.
Denis (Jean), négociant, Cognac, 15 janvier 1866.
De Salignac, négociant, Cognac, 15 mai 1869.
Dupuy (Jules), négociant, Cognac, 15 avril 1869.
Foucaud, négociant, Cognac, 15 juin 1865.
Gervais Robin, avocat, Cognac.
Hennessy (Auguste), négociant, Cognac, 15 janvier 1843.
Hennessy (Richard), négociant, Cognac, 14 février 1870.
Hennessy (Jacques), négociant, Cognac, 14 février 1870.

MM.

Martell (Charles), négociant, Cognac, 15 avril 1869.

Martell (Édouard), négociant, député et maire, Cherves de Cognac, 15 mars 1872.

Martell (Édouard) oncle, négociant, Cognac.

Nicot (Jacques), négociant, Cognac, 15 juin 1865.

O'Tard de Lagrange (baron), négociant, conseiller d'arrondissement, Cognac, 15 mai 1869.

Planat (Oscar), négociant, Cognac, 15 mai 1865.

Sémerie, sous-préfet, Cognac, 15 mai 1874.

CANTON DE CHATEAUNEUF.

MM.

Beyssens, greffier, Châteauneuf, 15 novembre 1874.

Damour, propriétaire, Châteauneuf, 17 août 1874.

Delacroix de Flaville, propriétaire, Bonneuil, 15 juin 1865.

De Lenchère, propriétaire, Bonneuil, 14 février 1870.

Deluile, propriétaire, Nonaville, 15 mars 1874.

Dupuy, pharmacien, Châteauneuf, 15 juillet 1875.

Frappin, propriétaire, au Chêne, commune de Châteauneuf, 14 février 1870.

Gueslin, conseiller général, Châteauneuf, 15 juin 1865.

Juin (Pierre-Achille), propriétaire, Saint-Simeux, 15 juin 1869.

Mallet (Eugène), propriétaire, Saint-Simeux, 15 mars 1859.

Martin (Eugène), propriétaire, aux Conils, commune de Touzac, 15 juin 1865.

Roumage, maire, Saint-Preuil, 16 mai 1870.

Tabuteau, Henri, propriétaire, Châteauneuf, 15 juillet 1875.

CANTON DE SEGONZAC.

MM.

Bertaudeau fils, propriétaire et maire, Juillac-le-Coq, 15 juin 1865.

Boulineau (Eugène), propriétaire, Genté, 15 janvier 1866.

Bonjour, propriétaire, Angeac-Champagne, 15 janvier 1866.

Chaudier, propriétaire et maire, Lignières, 15 juin 1865.

Dagail, vétérinaire, Segonzac, 14 février 1870.

D'Asnières (marquis), propriétaire, Segonzac.

MM.

Ferrand (Élie), propriétaire, conseiller municipal, Segonzac,
15 mars 1872.

Guérive, propriétaire au Peux, commune de Juillac-le-Coq,
15 juillet 1875.

Panau, propriétaire, Salles-d'Angles, 15 avril 1874.

Pelletant (Henri), propriétaire, Genté, 16 mai 1870.

Popelet, propriétaire, conseiller d'arrondissement, Angeac-
Champagne, 15 juin 1865.

Raby (Eugène), négociant, à La Chaize, commune de Mainxe,
15 juin 1874.

Saunier, propriétaire, Chez-Boujut, commune de Mainxe,
15 juillet 1873.

Vinsonneau, propriétaire, Ambleville, 15 juin 1870.

CANTON DE JARNAC.

MM.

Bregeon, propriétaire, Chassors, 16 août 1875.

Favraud fils, propriétaire, Foussignac, 15 mars 1859.

Larue, conseiller municipal, Mérignac, 15 janvier 1866.

Michaud fils, propriétaire, Fleurac, 15 janvier 1866.

Rambaud de Larocque, conseiller général, Bassac, 15 janvier
1847.

Rambaud de Larocque (Marcel) fils, docteur en droit, Bassac,
15 juillet 1875.

Rousseau, négociant, Jarnac, 15 juin 1865.

Texier (Lucien), vétérinaire, Mérignac, 15 juin 1875.

ARRONDISSEMENT DE CONFOLENS.

CANTON DE CONFOLENS.

MM.

Babaud-Laribière (Charles), conseiller d'arrondissement, Confolens, 15 juin 1865.

Boreau-Lajanadie, conseiller à la cour d'appel de Bordeaux.

Doche-Laquintane, propriétaire, Confolens, 15 janvier 1866.

De Chamborant de Périssat (baron), propriétaire, Esse, 15 décembre 1866.

De Chamborant de Périssat (Albert) fils, Esse, 15 juin 1875.

MM.

Landrevie (de), propriétaire, Confolens, 15 juin 1865.

Landrevie (de), propriétaire, Confolens, 15 mai 1874.

Laborderie (de), lauréat de la prime, Lesterps, 15 juin 1865.

Lambert, président d'honneur du tribunal civil, Confolens, 15 juin 1867.

Périgord de Villechenon, propriétaire, Confolens, 15 juin 1865.

CANTON DE SAINT-CLAUD.

MM.

Breuillet, propriétaire, à Lavaur, commune des Pins.

Duval, curé, Chasseneuil, 15 juillet 1855.

Gros-Vignaud, juge de paix, Saint-Claud, 15 mai 1869.

Marchand, député, conseiller général, Loubert, 16 mars 1869.

Perry de Nieuil (le marquis), propriétaire, Nieuil, 15 juin 1865.

Richaud, curé, Saint-Claud, 15 février 1853.

CANTON DE CHAMPAGNE-MOUTON.

MM.

Danet, propriétaire, à Puybautier, commune de Saint-Constant, 14 janvier 1870.

Duvigneau (André), garde général des eaux et forêts, Champagne-Mouton, 15 avril 1874.

Favre, propriétaire, au château de Pleuville, commune d'Alloue.

Loiseau de Grandmaison, propriétaire, Alloue, 14 janvier 1874.

Marigné (Léopold), propriétaire, Champagne-Mouton, 15 janvier 1870.

Taffin (Paul de), propriétaire, à La Boissière, commune de Champagne-Mouton, 15 janvier 1866.

CANTON DE CHABANAIS.

MM.

Ducoudert, juge de paix, Chabanais, 16 mars 1869.

La Bastide (Paul de), propriétaire, au château de Pressac, commune de Saint-Quentin, 15 avril 1866.

Laquintinie (de), propriétaire, Chabanais, 16 août 1856.

CANTON DE MONTEMBŒUF.

MM.

Barbot d'Hauteclaire, propriétaire, à Tauzac, par Montembœuf, 15 juin 1865.

Bourdelière, propriétaire, Taponnat, 15 janvier 1856.

Chassay (de), propriétaire, maire, Verneuil, 15 décembre 1852.

James (Gaston de), propriétaire, Saint-Adjutory, 15 avril 1875.

La Guéronnière (de), propriétaire, Montembœuf, 14 janvier 1870.

Laurière (de), propriétaire, Saint-Adjutory.

Maret (Constantin de), propriétaire, Saint-Adjutory, 15 juin 1865.

Roux (Victor de), propriétaire, Cherves-Châtelars, 15 juillet 1855.

Garrigou-Grandchamp (Angel), à Champferrand, commune de Vitrac, 15 mai 1875.

Pougeard, conseiller général, Saint-Maurice, 15 mai 1875.

ARRONDISSEMENT DE RUFFEC.

CANTON DE RUFFEC.

MM.

Arlin (Sincère), maire, Saint-Gervais, 16 août 1869.

Brumauld de Montgazon, maire, Ruffec, 15 novembre 1865.

Col (Eugène), propriétaire, Saint-Gervais, 15 janvier 1870.

Cuirblanc (Émile), propriétaire, Ruffec, 15 décembre 1857.

D'Esmiers (vicomte), propriétaire, Saint-Gourson, 15 novembre 1865.

D'Hémery, conseiller général, maire, Bioussac, 15 décembre 1864.

Frère (Gustave), propriétaire, Ruffec, 15 juin 1865.

Gallais (Ferdinand), propriétaire, Ruffec, 15 juin 1865.

Guilhaud, docteur en médecine, Ruffec, 14 janvier 1870.

Le comte de La Rochefoucauld père, ancien ministre plénipotentiaire, au château de Verteuil, 15 juin 1865.

Le comte Gaston de La Rochefoucauld fils, attaché d'ambassade, au château de Verteuil, 14 janvier 1870.

MM.

Le comte Aymery de La Rochefoucauld fils, attaché d'ambassade, au château de Verteuil, 14 janvier 1870.

Mourou, avoué, Ruffec, 15 avril 1869.

Menut de Latonne, juge, Ruffec, 15 juin 1870.

Poupelet, sous-préfet, Ruffec, 14 février 1870.

CANTON D'AIGRE.

MM.

André, député, conseiller général, à l'Anglée, par Aigre, 15 mai 1865.

Audoin, propriétaire, à La Talonnière, par Aigre, 15 avril 1869.

Bellot aîné, négociant en grains, Luxé, 15 avril 1869.

Bigot, propriétaire, Aigre, 15 juin 1870.

Chagnaud, propriétaire, Verdille, 15 mai 1869.

Daniaud, propriétaire, Villejésus, 15 janvier 1866.

Des Vallées, propriétaire, Fouqueure, 15 avril 1869.

Des Vallées fils, propriétaire, Fouqueure, 17 août 1874.

Fougeroux (Théophile), au Mas, commune de Fouqueure, 16 août 1875.

Gaultier (Louis), propriétaire, conseiller d'arrondissement, au château des Vergnettes, commune de Fouqueure, 16 août 1865.

Gaultier (René) fils, propriétaire, au château des Vergnettes, commune de Fouqueure, 15 avril 1874.

Gautier aîné, maire, Aigre, 16 août 1865.

Gautier (Lucien), propriétaire, Aigre, 14 février 1870.

Gautier (Georges), propriétaire, Aigre, 14 février 1870.

Jobit, juge de paix, Aigre, 15 juin 1865.

Jozeau, propriétaire, Luxé, 16 mai 1869.

Lameau, propriétaire, négociant, Aigre, 15 juillet 1871.

Mouclier, notaire, conseiller d'arrondissement, Aigre, 15 avril 1869.

Pailloux, négociant d'eau-de-vie, Aigre.

Pauthier, docteur en médecine, Aigre, 15 mai 1869.

Touzaud, propriétaire, Bessé, 15 mai 1869.

Viaud, vétérinaire, Aigre, 15 mai 1869.

CANTON DE MANSLE.

MM.

Bouchet, agent-voyer, Mansle.

Bouillon, propriétaire, adjoint, Mansle, 15 avril 1874.

Bouyer, instituteur, La Tâche, 15 mai 1872.

Briand, fabricant de chaux hydraulique, Mansle.

L'abbé Durand, curé, Puyréaux, 15 juillet 1871.

Grassin, propriétaire, boucher, Cellefrouin, 15 avril 1874.

Guillebaud, vétérinaire, Mansle, 15 juillet 1873.

Hériard fils, propriétaire, maire, Villognon, 15 avril 1869.

Isambert (Eugène), ancien conseiller de préfecture de la Gironde, au château de Gouet, commune de Mansle, 15 mars 1872.

Isambert, propriétaire, au château de Gouet, commune de Mansle, 15 juillet 1872.

Lavaud, agriculteur, marchand de bois, à Lascoux, commune de Cellefrouin, 15 juin 1872.

Mailfer, propriétaire, Aunac, 15 février 1856.

Maître-Duchambon, maire, Saint-Ciers, 15 juin 1865.

Michaud, propriétaire, Villognon, 14 février 1870.

Modenel, conseiller d'arrondissement, à Échoisy, près Mansle, 15 avril 1869.

Nivet, ingénieur civil, Mansle, 15 mai 1869.

Ribes (comte Édouard de), propriétaire-agronome, Paris, rue Rovigo, 28 (chez M. de Thiac), 14 février 1870.

Roux (Charles), propriétaire, au Cluzeau, commune de Saint-Front, 16 août 1875.

Roy (Octave), agronome, Mansle.

Sebilleau, notaire, Aunac, 14 février 1870.

Thiac (Eugène de), ancien conseiller général, président de la Société, Puyréaux, 15 mai 1854.

CANTON DE VILLEFAGNAN.

MM.

De Bourdeilles (comte), propriétaire, au château de Saveilles, commune de Payzay-Naudouin, 14 février 1870.

MM.

De Champvallier (Edgar), député, conseiller général, Bernac, 15 décembre 1864.

Joubert, maire, Villefagnan, 15 juin 1865.

MM.

Albéric Second, homme de lettres, Paris, 15 juin 1875.

Debect, juge au tribunal civil, à Poitiers.

Du Bois (Jules), propriétaire, à Vaudeurs, commune de Ceriziers (Yonne), 15 avril 1875.

Du Breton (Gust,), receveur particulier à Montdidier (Somme), 15 avril 1875.

Gayon, docteur ès sciences, rue d'Ulm, 45, à Paris, 16 août 1875.

Hillairet, docteur, rue Caumartin, 43, Paris, 16 août 1875.

Lancelin, ingénieur en chef, directeur de la compagnie du chemin de fer du Midi, boulevard Haussmann, 54, Paris, 16 août 1875.

Larré (Paulin), président de la chambre des avoués, Bordeaux, 15 avril 1875.

Mallez, docteur-médecin, Paris, 15 juin 1875.

Sazerac de Forge (Henri), préfet de la Nièvre, 16 août 1875.

Soubeyran (baron de), député de la Vienne, place Vendôme, 19, à Paris, 16 août 1875.

Tuquot de Lannoye (baron Henri), attaché au ministère de l'intérieur, section de la presse, 15 avril 1875.

EXTRAIT

DES

PROCÈS-VERBAUX DES SÉANCES

DE LA SOCIÉTÉ D'AGRICULTURE

SCIENCES, ARTS ET COMMERCE DU DÉPARTEMENT
DE LA CHARENTE

SÉANCE DU 15 JANVIER 1875.

PRÉSIDENCE DE M. DE THIAC,

PRÉSIDENT.

La séance est ouverte à midi et demi.

Le procès-verbal de la séance du 15 décembre 1874 est lu et adopté.

M. LE PRÉSIDENT invite l'assemblée à procéder à l'élection des membres présentés dans la séance du 15 décembre 1874.

A la suite de scrutins successifs, MM. Gustave Cuneo d'Ornano, homme de lettres ; Miot, agriculteur à Nersac, et Bouchaud-Praceiq, président de la Boulangerie coopérative d'Angoulême, sont proclamés membres de la Société.

M. le Président annonce ensuite les candidatures suivantes :

MM. Lacouture-Lémerie, maire de Gurat, et Auguste Lacouture, frère du précédent, demeurant également à Gurat, tous les deux présentés par M. Clément Prieur ;

M. Deluile, maire de Nonaville, présenté par M. Gontier ;

M. Paziot aîné, à Montignac, présenté par M. Clément Prieur.

Il sera statué sur ces présentations dans la prochaine séance.

M. le Président donne connaissance à l'assemblée du résultat des démarches qu'il a faites auprès des diverses compagnies de chemins de fer, au point de vue de la réduction des tarifs pour le transport des animaux au concours d'animaux gras d'Angoulême des 23 et 24 prochains. M. le Président informe l'assemblée qu'il a obtenu des compagnies d'Orléans, des Charentes et du Midi les plus larges concessions sur les délais pendant lesquels les animaux pourront être transportés à prix réduits.

En ce qui concerne le concours hippique, dit M. le Président, la Société aura prochainement à rédiger son programme. Le bureau s'entourera des hommes d'expérience dont la compétence est généralement reconnue pour préparer les bases d'une organisation sérieuse. La Société des courses vise surtout le pur-sang ; les haras favorisent la production par les concours de poulinières ; il reste donc dans l'élevage du cheval une place utile à occuper. Nous aurons des encouragements sans doute pour ceux qui font naître, mais nous en aurons aussi pour ceux qui importent dans la Charente les bonnes races de trait et de cavalerie. En favorisant tout à la fois le développement de l'espèce et son amélioration, nous satisferons les intérêts de l'agriculture et nous pourvoirons à l'un des besoins les plus pressants de l'État.

M. MACHENAUD-RHODIUS dit qu'en effet la Société ferait un emploi utile de ses ressources en encourageant l'élevage du cheval d'armes. Cette industrie existe déjà sur certains points, dans les cantons de Rouillac et de Jarnac notamment, où elle rend de remarquables services ; les encouragements de la Société ne pourraient venir plus à propos pour favoriser son développement.

M. LE PRÉSIDENT dit qu'il s'est occupé, durant son dernier séjour à Paris, de la question des haras en ce qui concerne la Charente. Il sait de source certaine que le haras de Saintes va être doté de quatre nouveaux étalons, et il ne désespère pas qu'il soit créé une station dans l'arrondissement de Ruffec et une dans l'arrondissement de Confolens.

M. le Président donne connaissance à l'assemblée d'une lettre de M. le Ministre de l'agriculture et du commerce, en date du 6 janvier, informant la Société qu'elle recevra désormais les publications émanant du service de la statistique générale de France.

Cette statistique concerne la population, l'agriculture et le commerce. Le premier volume, relatif à l'année 1871, est déposé sur le bureau. M. le Président y relève quelques chiffres qui intéressent plus particulièrement la Société.

Ainsi, on y voit qu'en France la superficie cultivée en vigne était, en 1871, de 2,417,223 hectares, ayant produit 59,025,680 hectolitres, qui, au prix moyen de 26 fr. 27 c., ont donné une valeur totale de 1,550,451,210 fr.

La Charente a produit en cette même année 1871 2,583,000 hectolitres de vin ; elle occupe le cinquième rang dans la production parmi nos départements viticoles.

La valeur totale de la récolte pour la Charente est de 57,000,000 de francs et nous donne le quatrième rang.

M. le Président croit devoir se faire l'interprète de ses collègues en adressant tous ses remerciements à M. le ministre pour l'envoi de ce travail, fait plus particulièrement sous la direction de l'un des hommes éminents du ministère de l'agriculture, M. Deloche, chef de division et membre de l'Institut. Ce travail impose à nos commissions de statistique cantonale l'obligation de se livrer de plus en plus aux investigations les plus minutieuses. C'est ce que semble avoir si bien compris notre honorable collègue M. Dufresse de Chassaigne, président de la commission de statistique du canton de Lavalette.

M. le Président entre dans quelques explications sur la suite qui a été donnée à la demande d'une bascule sur le champ de foire d'Angoulême. M. le Président regrette que la question n'ait pas encore obtenu une solution favorable. Il espère que l'administration municipale de la ville donnera satisfaction aux vœux de la Société, qui se concilient, d'ailleurs, avec les intérêts de la cité.

M. le Président donne la parole à M. Condamy pour la la lecture de son rapport sur la culture de la truffe.

La lecture du rapport de M. Condamy est écoutée avec beaucoup d'intérêt. L'assemblée décide que ce rapport sera inséré dans les *Annales* de la Société.

M. EUGÈNE CALLAUD signale ce fait: il possédait une truffière ombragée par un chêne et qui donnait chaque année une récolte satisfaisante ; or, ayant eu la pensée d'utiliser cet endroit pour y parquer des volailles, il est arrivé que toute trace de truffe a depuis lors disparu.

M. LE PRÉSIDENT dit que la truffe a évidemment été détruite par les engrais déposés par les volailles.

A ce sujet, M. Condamy fait un exposé du résultat auquel ont abouti jusqu'ici ses études et ses observations. Selon lui, la truffe est le produit de deux mycéliums de sexes différents, dont l'un, femelle, vit à l'état libre dans le sol, et l'autre sur la racine vivante du chêne.

M. Condamy fait passer sous les yeux de ses collègues des planches de dessins servant à expliquer son système.

M. Rogée pense, comme M. Valserre, que la truffe est le produit de la mouche décrite par ce dernier.

M. Amédée Nouel dit qu'il a obtenu des résultats très remarquables au point de vue du développement de la truffière et de l'accroissement du volume de la truffe avec des fumures de râfles de raisin.

M. le Président invite M. Condamy à continuer ses études sur ce sujet. Tout ce qui se rapporte à la terre mérite l'attention ; la truffe est un produit du sol dont la valeur se chiffre par millions ; elle ne vient pas partout, et le sol de la Charente lui est particulièrement favorable. Il est donc évident que du jour où l'on serait parvenu à surprendre un des secrets de la nature en trouvant le moyen d'augmenter la production de la truffe par une culture régulière, on aurait rendu un service signalé à notre agriculture.

M. le Président fait don à l'assemblée de deux bustes en marbre : celui d'Olivier de Serres, surnommé le père de l'agriculture française, et celui de Claude Bourgelat, le fondateur des premières écoles vétérinaires de France ; puis d'un tableau photographique représentant d'un côté le portrait du docteur Jules Guyot et de l'autre le tombeau du regretté maître.

M. Levert, vice-président, remercie M. de Thiac de ce don généreux, et l'assemblée s'associe par son approbation unanime aux sentiments de reconnaissance exprimés par son vice-président.

La séance est levée à deux heures et demie.

Le Secrétaire général,

CLÉMENT PRIEUR.

SÉANCE DU 15 MARS 1875.

PRÉSIDENCE DE M. DE THIAC,
PRÉSIDENT.

La séance est ouverte à une heure après midi.

Le procès-verbal est lu et adopté.

L'assemblée étant appelée à voter pour un vice-président et pour le secrétaire-archiviste, dont l'élection a dû être ajournée à cette séance, M. LE PRÉSIDENT, en vue de faciliter le vote du plus grand nombre possible de membres de la Société, déclare que le scrutin est ouvert et qu'il ne sera fermé qu'à trois heures.

M. LE PRÉSIDENT donne connaissance à l'assemblée de présentations nouvelles, parmi lesquelles il signale celle de M. Paul Déroulède, propriétaire du domaine de l'Angély, commune de Gurat. M. le Président croit devoir s'arrêter un instant sur la candidature de M. Paul Déroulède, dont la conduite glorieuse sur les champs de bataille lui vaudrait toutes nos sympathies, s'il ne se recommandait encore à nos suffrages par ses publications patriotiques, qui sont dans toutes les mains et qui seront bientôt dans toutes les mémoires.

Après M. Paul Déroulède, M. le Président annonce la présentation de :

MM. Jules du Bois, propriétaire à Vaudeurs, canton de Ceriziers, arrondissement de Joigny (Yonne); Gustave du Breton, receveur particulier à Montdidier (Somme), présentés par M. Dufresse de Chassaigne, leur beau-père.

M. Joseph Engrand, négociant à Angoulême, rue de Montmoreau, présenté par MM. Délite-Machenaud et Clément Prieur;

M. Henri Couprie, directeur de la compagnie d'assurances *La Charente*, présenté par M. Clément Prieur;

M. Gaston de James, propriétaire à Saint-Adjutory, et M. Michaud, propriétaire au Maine-Sec, commune de Claix, présentés par MM. de Maret, de Thiac et Clément Prieur.

M. le Président présente ensuite ses deux neveux : M. Paulin Larré, président de la chambre des avoués de première instance à Bordeaux, et M. le baron Henri de Lannoye, ancien officier des mobiles de Seine-et-Marne, attaché au ministère de l'intérieur, bureau de la presse.

Il sera statué sur ces présentations dans la prochaine séance.

M. le Président communique à l'assemblée :

1° Une circulaire du ministre informant la Société que la réunion annuelle des sociétés savantes aura lieu, à la Sorbonne, du 31 mars au 3 avril 1875;

2° L'arrêté de M. le ministre de l'agriculture relatif au concours régional de Saintes, qui aura lieu du 22 au 31 mai 1875;

3° Une lettre qui accompagne cet arrêté, et dans laquelle M. le ministre fait appel au dévouement et à l'autorité des membres de notre association pour stimuler et provoquer le zèle des cultivateurs dans le but de les engager à prendre part à ce concours. M. le Président ajoute qu'il ne doute pas que cet appel sera entendu ;

4° D'une circulaire de la *Commission directrice des expositions nationales d'Amsterdam*, relative à une grande exposition internationale d'horticulture qui aura lieu à Amsterdam en 1876 ;

5° Une note statistique sur la production des vins en 1874, émanée du ministre des finances ;

6° Une lettre de M. Houlon, directeur de l'usine à gaz d'Angoulême, mettant de nouveau à la disposition des membres de la Société 500 kilogrammes de coaltar pour être employés à des essais pour la destruction du Phylloxera, et informant l'assemblée que l'usine qu'il dirige produit du sulfate d'ammoniaque dosant 22 0/0 d'azote, titre garanti, et dont le prix varie de 46 à 50 fr. les 50 kilogrammes.

Un échantillon de cet engrais est déposé sur le bureau.

L'ordre du jour appelant la discussion sur le projet de concours hippique à Angoulême, M. le Président pense qu'il serait bien difficile de donner, cette année, à l'œuvre proposée tout le développement qu'elle comporte. Que, cependant, il ne faut pas perdre de vue que le conseil général, avec une libéralité dont il est juste de lui tenir compte, a mis à la disposition de la Société une somme de 1,500 fr. destinée à encourager l'élevage du cheval dans la Charente, et qu'il y a lieu d'examiner les moyens de donner satisfaction à la pensée qui a déterminé le vote de cette allocation.

M. DE LA BASTIDE développe le système qu'il a exposé au Conseil général sur ce sujet dans sa session du mois d'août

1874, puis il donne lecture du rapport qu'il a adressé au conseil général sur le concours hippique de Bordeaux, et où sont exposés les principes qui doivent diriger l'élevage dans la Charente. Il résulte des conclusions du rapport de M. de La Bastide « que le meilleur mode d'emploi des 1,500 fr. que le conseil général met à la disposition de la Société d'agriculture pour encourager la production chevaline du département consiste à faire naître, à acheter et à exporter chaque année le plus possible de poulains d'un an. »

M. ROBUSTE critique le système proposé. Il exprime l'opinion que la Charente renferme des centres d'élevage très propices à cette industrie et ne voit pas pourquoi on favoriserait l'exportation de nos poulains.

M. DE CHASSAY ne croit pas qu'il y ait profit à élever le cheval dans la Charente, en raison des prix trop peu élevés de la remonte et des risques en cours trop nombreux.

M. LE PRÉSIDENT résume la discussion et propose à la Société de décider qu'un concours de poulains d'un an sera organisé à Angoulême pour le 15 mai prochain. En donnant au programme de ce concours une grande publicité, on appellerait certainement un grand nombre d'acheteurs étrangers, et la Société pourrait espérer parvenir à doter notre chef-lieu de département d'un marché qui acquerrait une certaine notoriété dans un avenir prochain.

M. CHEMISON-DUBOIS demande si les poulains introduits dans le département après leur naissance pourront concourir.

Il est répondu dans le sens de l'affirmative, avec cette observation que cette question sera examinée lors de la discussion du programme.

M. Houlon propose de fixer au lundi des courses la tenue du concours de poulains. La proposition de cette date est accueillie favorablement par l'assemblée.

M. Joseau dit qu'il importerait de limiter les récompenses aux éleveurs de la Charente.

M. le Président invite l'assemblée à se prononcer sur la question de savoir si le concours aura lieu. La question de principe étant une fois résolue, le bureau se mettra à l'œuvre, tiendra compte des observations présentées et rédigera un projet de programme, qui sera discuté dans la séance du 15 avril et proposé à l'adoption de l'assemblée.

Cette proposition est adoptée.

M. le Président propose de fixer dès aujourd'hui la date du prochain concours d'animaux gras d'Angoulême. Il importe, dit M. le Président, de prendre date le plus promptement possible, et nous le pouvons, puisque l'époque du concours de Paris est fixée. La position d'Angoulême sur la grande artère ferrée de Paris à Toulouse et Bayonne nous permet d'arriver à une prépondérance au moins relative sur les autres centres de production, et nous y parviendrons d'autant plus sûrement que la date de notre concours permettra aux concurrents de se rendre économiquement et sans perte de temps au concours de Paris.

Le concours de Paris devant avoir lieu du 14 au 23 février 1876, M. le Président propose donc à l'assemblée de décider que le concours d'Angoulême aura lieu le samedi et le dimanche qui précéderont le 14 février 1876.

Cette proposition est adoptée.

Il est procédé ensuite à l'élection des membres proposés à la dernière séance.

A la suite de ce vote, MM. Lacouture-Lémerie, maire de

Gurat ; Auguste Lacouture, propriétaire à Gurat ; Deluile, maire de Nonaville, et Paziot aîné, propriétaire à Montignac-Charente, sont proclamés membres de la Société.

A trois heures après midi, il a été procédé au dépouillement du scrutin ouvert au commencement de la séance pour la nomination d'un vice-président et d'un archiviste. MM. Levert et Condamy ayant obtenu chacun 29 suffrages, nombre égal à celui des votes exprimés, mais ce nombre étant inférieur au huitième des membres inscrits exigé par l'article 7 du règlement, l'élection est renvoyée à la séance du 15 avril.

Rien n'étant plus à l'ordre du jour, la séance est levée à trois heures un quart.

Le Secrétaire général,
CLÉMENT PRIEUR.

CONCOURS D'ANIMAUX

GRAS

TENU A ANGOULÊME

LES SAMEDI 23 ET DIMANCHE 24 JANVIER 1875

Malgré l'indécision de la température, une foule considérable, venue des divers points du département et des départements voisins, a fréquenté, la veille et le lendemain, le champ du concours.

Rarement on a assisté à une exposition qui offrît comme ensemble plus de régularité dans la forme, le choix et l'engraissement des animaux de toutes les catégories.

La Société d'agriculture de la Charente voulait que cette exhibition fût un enseignement profitable; son but a été atteint.

Le dimanche, à onze heures du matin, le cortége, composé des autorités civiles et militaires, du bureau de la Société, des jurés du concours, de M. l'inspecteur général Lambezat, et précédé par la musique de la ville et un détachement de gendarmes, s'est rendu sur le champ du concours.

L'exposition a été vue et examinée au milieu d'une foule

immense que M. le Président de la Société avait donné l'ordre de laisser entrer gratuitement.

Ensuite, le cortége est revenu, dans le même ordre, à l'hôtel de ville, où devait avoir lieu, à deux heures, la séance de la distribution des récompenses. Parmi les personnages qui ont honoré cette solennité de leur présence, nous avons remarqué M. le préfet de la Charente, Mgr l'évêque et ses deux grands-vicaires, M. le maire d'Angoulême, M. le président du tribunal civil, M. le commandant de gendarmerie, plusieurs membres du conseil général, M. Lambezat, inspecteur général d'agriculture ; M. Auguste Hennessy et tous les membres des jurés ; M. Bouscasse, directeur de la ferme-école de Puilboreau ; de Larclause, directeur de la ferme-école de la Vienne ; Durand de Corbiac, Lévrier, lauréat de la prime d'honneur des Deux-Sèvres, etc.

La séance a été ouverte par M. DE THIAC, président, qui a prononcé le discours suivant :

      « MONSIEUR LE PRÉFET,
       « MONSEIGNEUR,
       « MESSIEURS,

« Donner une vive impulsion à l'un des éléments de l'alimentation publique, tel est le but que la Société s'est proposé dans la création des concours d'animaux gras ; le magnifique spectacle que vous venez d'avoir sous les yeux semble décidément établir pour le concours d'Angoulême droit de cité parmi les concours de cette nature en France. Merci donc à vous, Messieurs, qui n'avez craint ni fatigues, ni dérangements, ni sacrifices pour prendre une part effective à cette exhibition et à laquelle vous avez donné tant d'éclat !

« Vous pouvez juger, du reste, de l'intérêt dont elle est l'objet.

« M. le ministre de l'agriculture et du commerce a voulu être représenté dans cette solennité par l'un de ses plus éminents délégués, M. l'inspecteur général Lambezat, qui revient parmi nous pour la seconde fois, et qui peut apprécier si nos progrès s'accentuent.

« M. le préfet de notre département, dont le cœur, la haute intelligence et le dévouement se manifestent chaque jour pour nos intérêts les plus chers, a voulu, par sa présence, encourager nos efforts.

« Notre pieux évêque vient également, par sa présence, témoigner que la religion encourage les travaux qui ont pour but de donner aux populations une nourriture plus saine, et certainement, dans un avenir peu éloigné, plus facilement accessible pour tous.

« Une subvention accrue dès hier même nous a été donnée par l'État et par le conseil général de notre département.

« M. l'inspecteur général Lambezat et M. le préfet de Vaudichon pourront dire si ces subventions ont trouvé une utile application.

« D'autres sacrifices ont été faits qui excitent aussi nos témoignages de gratitude :

« Pour la ville d'Angoulême, dont la municipalité nous a donné une subvention et une médaille d'or, et qui est représentée ici par M. le maire de cette cité ;

« Pour M. Edmond Laroche-Joubert, l'un de nos dévoués collègues, et qui, suivant les traditions qu'il a créées, vient accroître les récompenses des modestes auxiliaires de nos étables ;

« Pour M. Adhémar Sazerac de Forge, qui, après avoir apporté des récompenses dans une foule d'œuvres méritantes, vient à son tour de recevoir la croix de la Légion d'honneur *pour services exceptionnels*. M. Adh. Sazerac de Forge fait depuis longtemps partie de cette phalange des hommes utiles qui, selon la parole de Plutarque, concourent au bonheur de l'humanité ; je suis heureux de lui en adresser publiquement, au nom de la Société d'agriculture, toutes nos félicitations.

« M. Dufresse de Chassaigne, docteur-médecin à Fouquebrune, dans le canton de Lavalette, a, de son côté, offert à notre Société, dont il est l'un des membres laborieux, une médaille d'or, et il annonce vouloir en renouveler le don chaque année.

« Mais, Messieurs, une autre récompense digne d'attention, c'est l'envoi par la Société des agriculteurs de France, présidée avec tant de distinction par un homme illustre, M. Drouyn de Lhuys, qui a la plume de l'écrivain, la parole de l'orateur, la science de l'homme d'État et le cœur plein d'un ardent patriotisme. Cet envoi comprend deux médailles de grand module, l'une en argent et l'autre en bronze, et vous entendrez tout à l'heure les noms des lauréats qui ont été jugés les avoir méritées.

« Je remercie, Messieurs, M. Drouyn de Lhuys et sa société de ce témoignage d'intérêt venu de loin, et je conserve l'espoir, si la Société des agriculteurs de France croit devoir le renouveler, que M. Drouyn de Lhuys viendra un jour rehausser l'éclat de ses médailles en les décernant lui-même.

« La compagnie du chemin de fer des Charentes, dont le chef, M. le comte Lemercier, est l'un des membres de notre Société, a voulu, elle aussi, donner un pareil témoignage d'intérêt à la grande famille charentaise, et vient de nous adresser une médaille d'or.

« Vous la remercierez, Messieurs, en la personne de son habile et aimé directeur.

« La députation de la Charente répond, elle aussi, chaque année, avec le plus louable empressement à notre appel ; ses sollicitudes pour tous les intérêts généraux de la Charente nous sont un sûr garant de ses sympathies pour l'œuvre dont nous poursuivons la réalisation.

« Tous les membres de la députation, MM. André, Ganivet, Éd. Martell, Boreau-Lajanadie, de Champvallier et Marchand, font partie depuis longues années de notre Société.

« Également M. Mathieu-Bodet, et hier, dans les *Annales* de l'année 1856, je relisais les termes de son admission.

« La Société est heureuse et fière de retrouver parmi ses membres ces hommes distingués à des titres divers. Et elle n'a pu voir sans émotion M. Mathieu-Bodet, l'un des enfants de notre pays, élevé par son seul mérite à l'un des postes les plus importants de l'État. C'est la première fois que la Charente se trouve avoir un pareil honneur, et dans cette occasion solennelle il m'est doux de le rappeler.

« M. le baron Louis, l'un des illustres prédécesseurs de M. Mathieu-Bodet au ministère des finances, disait : « Faites de bonne politique, je ferai de bonne finances. »

« Certes, ces paroles légendaires seraient aujourd'hui bien opportunes ; mais M. Mathieu-Bodet, après les avoir répétées, s'il était ici, nous dirait : « Faites de bonne agriculture, et vous aiderez au bien de l'État. »

« Tout cela, Messieurs, constitue de puissants encouragements dont vous êtes assurément fort dignes.

« La Société d'agriculture de la Charente voudrait voir se développer à Angoulême, et c'est là son ambition, l'un des beaux concours de la région du Sud-Ouest, car tout nous y convie : notre situation exceptionnelle entre Bordeaux et Paris, nos pâturages, nos produits et l'habileté de nos engraisseurs.

« Je parle de l'habileté de nos engraiseurs ; mais, qu'il nous soit permis de le dire, l'art ne demande pas un engraissement excessif, et il y a peu d'intérêt à pousser les animaux outre mesure ; les formes des animaux de choix et de races sont fort agréables à voir, si ces formes ne sont pas perdues sous la masse adipeuse de muscles sans ressorts. Cependant un tel engraissement démontre l'aptitude de l'animal, et s'il est vrai que *qui peut le plus peut le moins,* on peut arriver facilement à un engraissement désirable. C'est donc une question de mesure, et, en la respectant quelque peu, vous ferez entrer en lice des engraisseurs qui semblent s'en éloigner parce qu'ils supposent que nous ne voulons absolument couronner que des animaux gros, gras et de la nature la plus exubérante. C'est là une erreur, et nos rangs seront toujours ouverts aux animaux d'une bonne conformation et bien préparés.

« Un dialogue assez plaisant qui a paru récemment dans une publication fort répandue et fort spirituelle m'a semblé se rattacher par certains points à notre question. Vous me pardonnerez de le rappeler ici :

« Un enfant de six ans dit à sa petite sœur, qui en a trois ou quatre :

« — Maintenant, mademoiselle, vous allez épeler le mot *éléphant.*

« — Oh ! je suis trop petite, répond l'enfant, épouvantée d'avoir à épeler le nom d'un si gros animal.

« — Eh bien ! alors, tu vas épeler *petit éléphant.* »

« Ce qui fut fait sans le moindre effort.

« Mais je me hâte de dire, Messieurs, que notre concours a offert des types fort satisfaisants, et j'y applaudis.

« Vous savez, **Messieurs**, qu'un concours d'animaux gras se tiendra à Paris à la fin du présent mois, à l'instar des concours de Smithfield, en Angleterre, vers lequel viennent converger, chaque année, les concours particuliers de Birmingham, Manchester, York et autres cités.

« L'année dernière, Angoulême avait envoyé à Paris un grand nombre des animaux exposés chez elle, et ces animaux ont figuré avec honneur à Paris, où presque tous les prix donnés par nous ont été confirmés.

« Comme les lauréats ont été privés des signes extérieurs de leurs distinctions, la Société a fait faire des plaques qui leur seront remises pour en conserver la mémoire.

« En confirmant à Paris les décisions de nos jurés, n'est-ce pas témoigner de leur aptitude intelligente ? C'est qu'en effet les personnes qui avec tant d'abnégation nous viennent en aide apportent dans l'accomplissement de leur tâche un zèle extrême. Nous ne saurions trop les remercier.

« Parmi les jurés de l'année dernière figurait M. le baron de Thouzon, de la Haute-Vienne ; il était souffrant quand il répondit à notre appel, et à peine de retour chez lui il succomba à ses fatigues, comme le soldat sur le champ de bataille.

« Nous avons, Messieurs, conservé le meilleur souvenir de son expérience et de ses relations, que charmait beaucoup d'esprit naturel ; je souhaiterais que l'expression publique de nos regrets pût apporter une consolation à sa famille.

« En étudiant, Messieurs, ce qui touche aux intérêts agricoles de l'Angleterre, on voit que les Anglais ont importé l'année dernière pour 125 millions de francs de viandes conservées, pour parer à l'insuffisance de leur propre production. En France, nous n'en avons importé que pour 25 millions.

« Il y a dans ce point de comparaison une excitation à
élever notre production, de façon à diminuer encore nos
importations, non-seulement pour les viandes conservées
ou salées, mais aussi pour les animaux sur pied, qui se
sont élevés à 150 millions de francs.

« Nous devons viser, au contraire, à exporter. L'industrie de l'engraisseur du bétail devrait prendre une large
part dans la vie rurale ; cette industrie est toujours lucrative quand elle est conduite avec intelligence, et il ne faut
pas oublier qu'il y a en France 10 millions de têtes de gros
bétail appartenant aux races françaises, outre quelques
milliers de races étrangères ! La matière ne manque donc
pas.

« La Société d'agriculture de la Charente tend à réaliser
le progrès dans toutes les branches de la production nationale ; mais elle ne peut agir qu'avec certaine prudence.

« Cependant elle espère pouvoir, dans le courant de la
présente année, répondre à l'appel du conseil général au
sujet d'un concours de chevaux.

« La Société des courses de la Charente, présidée avec
tant de dévouement par l'honorable M. Auguste Hennessy,
préconise le cheval pur sang.

« La direction des haras favorise particulièrement les
juments poulinières et leurs fruits.

« La Société d'agriculture veut donc encourager le cheval
de selle et de voiture, le cheval de trait, et surtout le cheval
d'armes.

« Elle va prochainement préparer le programme de ce
concours.

« La Société voudrait assurément aussi encourager l'élevage des bestiaux et appeler dans un concours les bêtes de
production, ainsi que les machines, « ces esclaves, comme

« le disait M. Dumas, qui rendent à l'homme sa liberté, qu'on
« peut torturer sans scrupule et qu'on entend gémir sans
« remords. »

« Les ressources lui font défaut non-seulement pour les
initiatives, mais pour celles se rattachant, dans la Charente,
aux travaux si variés de l'industrie.

« Et à l'égard des fruits, des légumes et des fleurs, notre
abstention n'est-elle pas regrettable ?

« Le Tasse a dit il y a longtemps de l'Italie : « *Son climat
tempéré, doux et riant produit des fruits et des habitants qui
lui ressemblent.* »

« Cette pensée trouve son application la plus heureuse
dans nos contrées charentaises.

« Dès lors est-il téméraire de croire qu'une école de jardinage réussirait à merveille dans nos pays et pourrait ri-
valiser avec celle de Versailles ? Là, elle n'est puissante
que par les engrais, et les fruits n'ont pour mûrir qu'un soleil souvent douteux. Ici, la nature, qui mûrit si bien nos
raisins et féconde nos coteaux, exercerait son influence sur
nos fruits et nos légumes et développerait le parfum de nos
fleurs !

« Mais pour cela faire que faudrait-il ? Rien autre chose
qu'une vaste association agricole dans laquelle toutes les
intelligences de la Charente devraient figurer.

« Il faudrait ne plus demeurer dans l'indifférence ou se
réfugier dans une impassible neutralité.

« Cette indifférence est une anomalie de nos jours ; il
suffit de regarder autour de soi : en Belgique, en Angleterre,
en Allemagne, en Égypte, à Constantinople même, et surtout
en Amérique, partout le progrès se poursuit et les efforts
se réunissent pour le développer.

« C'est là que les voies ferrées ouvrent de toutes parts

des débouchés et apportent aux populations ce mot d'ordre que l'empereur Septime Sévère donnait à ses soldats : *Laboremus !* Travaillons !

« La Société appelle donc à elle toutes les bonnes volontés et tous ceux qui ont intérêt à donner une plus-value à leur terre.

« Il y a dans notre département cinq arrondissements. Si seulement mille associés se présentaient dans chaque arrondissement, on peut apprécier tout le bien qui en découlerait.

« Ce que je dis de la Charente, nos voisins qui m'écoutent peuvent le demander à leur propre département.

« On a beau porter vigoureusement un drapeau, encore faut-il que de nombreux soldats viennent s'y abriter.

« Dans le *Journal officiel* du 30 novembre dernier, il est rendu compte de la statistique agricole de la Prusse. Il est curieux de voir combien les associations agricoles y sont nombreuses et quelle influence elles exercent sur tous les points.

« Dans le Limbourg, entre autres, la Société d'agriculture de Celle compte 24,000 membres !

« Je vous livre ce fait, Messieurs, sans commentaires, et je vais m'arrêter.

« Mais avant laissez-moi vous prier de porter vos regards sur les deux bustes en marbre dus au talent d'un habile statuaire, M. Hébert ; on vient de les déposer sur le bureau, et ils resteront désormais la propriété de la Société.

« L'un est le portrait d'Olivier de Serres, né dans le Vivarais en 1539 et mort en 1619. Il est considéré comme *le père de l'agriculture en France,* et vous avez dans votre bibliothèque son magnifique ouvrage : *Le Théâtre d'agriculture et ménage des champs.*

« L'autre est celui de Claude Bourgelat, né à Lyon en 1712 et mort en 1779 ; il fonda à Lyon, en 1762, la première école vétérinaire, puis ensuite celle d'Alfort ; il est considéré comme le fondateur de l'hippiatrique.

« Olivier de Serres vous dit : *Travaillez vos champs, vous nourrirez la nation.*

« Bourgelat, de son côté, s'écrie : *Élevez le cheval, et vous la défendrez !*

« Saluons, Messieurs, avec respect ces deux grandes figures, et puissions-nous nous inspirer de leurs travaux et de leur dévouement à la patrie ! »

Ce discours a été accueilli par de chaleureux applaudissements, surtout dans sa péroraison, lorsque M. le Président a montré les deux bustes donnés à la Société. Ces deux bustes sont, en effet, d'une exécution parfaite, et resteront parmi les sociétaires comme l'image de deux grands modèles à imiter.

Il a été ensuite procédé à la distribution des prix.

ESPÈCE BOVINE.

Race limousine.

1er prix, 400 fr., plus une médaille d'or offerte par M. Eug. de Thiac, président de la Société, à M. le baron Desgraviers, à Mornac ; plus, au panseur, 40 fr., offerts par M. Laroche-Joubert, ancien député de la Charente et membre de la Société ; plus une médaille d'argent offerte par la Société.

2e prix, 300 fr., M. Jullian, à Hure (Gironde).

3e prix, 250 fr., M. Olivier Arnaud, à Jusix (Lot-et-Garonne).

4e prix, 200 fr., M. Jean Sabourdin, à Vouzan.

5e prix, 150 fr., M. Cyprien Nadaud, à Chazelles.

6e prix, 100 fr., M. Jean Berthenoux, à Chadurie.

Race de Salers.

1er prix, 400 fr., plus une médaille d'or offerte par la compagnie des chemins de fer des Charentes, à M. Callaud-Bélisle, à Magnac-sur-Touvre ; plus, au panseur, 40 fr., offerts par M. Laroche-Joubert, ancien député ; plus une médaille d'argent offerte par la Société.

2e prix, 300 fr., M. Eugène Déplanches, à Bunzac.

3e prix, 250 fr., M. Jean Déplanches, à Bunzac.

4e prix, 200 fr., M. Cyprien Nadaud, à Chazelles.

5e prix, 150 fr., M. Jean Veau, à Anais.

6e prix, 100 fr., M. Pelletant, à Montignac.

Bœufs isolés de toutes races.

1er prix, 400 fr., plus une médaille d'or offerte par M. Dufresse de Chassaigne, membre de la Société, M. Martinaud, à Fontet (Gironde) ; plus, au panseur, 40 fr., offerts par M. Laroche-Joubert, et une médaille d'argent donnée par la Société.

2e prix, 350 fr., plus une médaille d'argent offerte par la Société des agriculteurs de France, M. Arnaud Olivier, à Jusix (Lot-et-Garonne).

3e prix, 300 fr., plus une médaille de bronze offerte par la Société des agriculteurs de France, M. Langlade, à Pau (Basses-Pyrénées).

4e prix, 250 fr., M. Rousseau, à Bordeaux (Gironde).

5e prix, 200 fr., M. Jullian, à Hure (Gironde).

6e prix, 150 fr., M. Pierre Chambaudet, à Meilhan (Lot-et-Garonne).

7e prix, 100 fr., M. le baron Desgraviers, à Mornac.

8ᵉ prix, 100 fr., M. Jean Bergadieu, à Meilhan (Lot-et-Garonne).

9ᵉ prix, 100 fr., M. Jean Castets, à Hure (Gironde).

10ᵉ prix, 100 fr., M. de Bodard de La Jacopière, à Vouthon.

11ᵉ prix, 100 fr., M. Jean Sabourdin, à Vouzan.

12ᵉ prix, 100 fr., M. Jean Deyres, à Rioms (Gironde).

Bandes de 4 bœufs au moins, appartenant au même propriétaire et n'ayant pas été présentés dans d'autres concours.

1ᵉʳ prix, 450 fr., plus une médaille d'or donnée par la ville d'Angoulême, M. Rousseau, à Bordeaux (Gironde) ; plus, au panseur, 45 fr., offerts par M. Laroche-Joubert ; plus, de la Société, une médaille d'argent.

2ᵉ prix, 350 fr., M. le baron Desgraviers, à Mornac.

3ᵉ prix, 300 fr., M. Paignon, à Montbron.

4ᵉ prix, 250 fr., M. Clément, à Montbron.

5ᵉ prix, 200 fr., M. le comte de Briey, à Gençay (Vienne).

PRIX D'HONNEUR.

500 fr. offerts par la députation de la Charente au plus beau bœuf, sans distinction de races, parmi tous les premiers prix du concours, M. le baron Desgraviers, à Mornac.

Vaches de toutes races.

1ᵉʳ prix, 250 fr., plus une médaille d'argent offerte par la Société d'agriculture, M. Langlade, à Pau (Basses-Pyrénées) ; plus, au panseur, 25 fr. offerts par M. Laroche-Joubert.

2ᵉ prix, 200 fr., M. Pierre Vivier, à Angoulême.

3ᵉ prix, 100 fr., M. André Pillot, à Champniers (Deux-Sèvres).

4ᵉ prix, 75 fr., M. Cyprien Nadaud, à Chazelles.

ESPÈCE OVINE.

Moutons croisés race française.

1ᵉʳ prix, 100 fr., M. Louis Matignon, à Mérignac.

2ᵉ prix, 80 fr., M. Marcel Cadiot, à Veuillac (Charente-Inférieure).

3ᵉ prix, 60 fr., M. André Goumard, à Anais.

Moutons race étrangère.

1ᵉʳ prix, 100 fr., M. Simon, jardinier de M. Despéroux, à Saint-Simon.

2ᵉ prix, 80 fr., M. le marquis de Dampierre, à Plassac (Charente-Inférieure).

3ᵉ prix, 60 fr., M. Abel de Laprade, à Mazerolles (Vienne).

ESPÈCE PORCINE.

Race française.

1ᵉʳ prix, 100 fr., M. Pierre Piteau, à Angeac.

2ᵉ prix, 80 fr., M. Régimon, à Saint-André-du-Gard (Gironde).

3ᵉ prix, 60 fr., M. Métayer, à L'Houmeau-Pontouvre.

Race étrangère.

1ᵉʳ prix, 100 fr., M. Chagnaud, au Perché, commune de L'Houmeau-Pontouvre.

2ᵉ prix, 80 fr., M. Ladonne, à Montgauzy (Gironde).

3ᵉ prix, 60 fr., M. Audibert, à Dignac.

OISEAUX DE BASSE-COUR.

Volailles de Barbezieux et de Blanzac.

1er prix, 50 fr., M. Vouillat, à Saint-Yrieix.
2e prix, 25 fr., M. Fayet, à Saint-Médard de Barbezieux.
3e prix, 20 fr., M. Gois, à Montchaude.
4e prix, 15 fr., M. David, à Saint-Yrieix.

Races diverses françaises.

1er prix, 30 fr., M. Manem, à Saint-Yrieix.
2e prix, 25 fr., M. Jean Ancelin, à Angoulême.
3e prix, 20 fr., M. Augereau, à Porcheresse.

Dindons.

1er prix, 25 fr., M. Vouillat, à Saint-Yrieix.
2e prix, 20 fr., M. David, à Saint-Yrieix.

Oies.

1er prix, 25 fr., M. F.-M. Petit, à Angoulême.
2e prix, 20 fr., M. Justin Petit, à Nersac.
3e prix, 15 fr., M. Nadaud, à Saint-Yrieix.

PRODUITS DIVERS.

Beurre.

1er prix, 15 fr., M. Prémont, à Balzac.
2e prix, 10 fr., M. Jougier, à Porcheresse.

Fromages.

1er prix, 15 fr., M. Devrault, à Certigny (Seine-et-Marne),
pour fromage de Brie.

2e prix, 10 fr., M. Jean Boutaud, à Foulounoux, commune de Chirac.

L'Orphelinat agricole de la Charente (prix hors concours), une médaille d'argent.

MM. Auguste Hennessy et Lajeunie, au nom de la Société des agriculteurs de France, ont remis les deux médailles offertes par cette Société, en les accompagnant d'utiles et sages réflexions.

Le nom de M. le baron Desgraviers a été proclamé à de nombreuses reprises, et la prime d'honneur lui a été décernée aux applaudissements unanimes de l'assemblée.

SUR L'IMPORTANCE

DU

COMMERCE AGRICOLE DE LA FRANCE

PENDANT L'ANNÉE 1874

PAR

M. WOLOWSKI

M. Wolowski a fait déjà plusieurs communications relatives aux documents statistiques publiés par l'administration des douanes sur le commerce extérieur de la France pendant plusieurs périodes de l'année 1874 ; il pense que la Société entendra encore, avec intérêt, quelques observations qu'il demande à lui présenter sur l'importance du commerce agricole pendant l'année entière.

L'ensemble des exportations, dit M. Wolowski, s'est élevé, pour 1874, à 3,877,000,000 de francs. Jamais le chiffre des exportations n'avait été aussi élevé ; il était, en effet,

De 3,787,000,000 en 1873,
De 3,761,000,000 en 1872,
Et de 2,874,000,000 en 1871.

Les importations ont atteint, de leur côté, les chiffres qui suivent :

En 1874........... 3,748,000,000 de francs.
En 1873........... 2,884,000,000
En 1872........... 3,870,000,000
En 1871........... 3,566,000,000

L'excédant du total des exportations sur celui des importations a été, pour 1874, de 140,000,000. C'est un chiffre important à constater.

En dehors du chiffre total des exportations et des importations, il y a lieu de signaler les chiffres relatifs aux quantités d'or et d'argent exportées et importées.

Les importations de matières d'or et d'argent ont été, en 1874, de 951 millions. Les exportations, pendant la même période, n'ont été que de 159 millions ; il y a donc 792 millions au profit des importations. En 1873, les importations se sont élevées au chiffre de 564 millions ; les exportations, à celui de 491 millions : il y a donc une différence de 73 millions au profit encore des importations. En 1872, l'excédant des importations sur les exportations a été de 49 millions ; les premières, en effet, ont atteint 382 millions, tandis que les secondes n'ont été que de 333 millions. En 1871, l'exportation a été plus considérable ; elle s'est élevée à 501 millions ; l'importation, par contre, n'a été que de 301 millions ; il y a une diminution de 200 millions au profit des exportations. On peut constater ainsi comment le vide énorme causé par la rançon de la guerre s'est comblé chaque année, et avec quelle rapidité l'encaisse métallique de la France s'est reconstitué.

Le mouvement, ajoute M. Wolowski, auquel a donné lieu le commerce des grains et farines a été considérable pendant l'année 1874. Les importations, pour cette année, se sont élevées à 340 millions et les exportations à 141 millions. Différence au profit des importations, 199 millions. En 1873, les importations avaient été de 229 millions et les exportations de 175 millions. L'excédant, pour les importations, était de 54 millions. En 1872, les importations avaient atteint le chiffre de 147 millions et les exportations celui de 247 millions. Soit un boni, pour les exportations, de 100 millions de francs. Enfin, en 1871, les importations avaient été de 46 millions, tandis que les exportations avaient atteint le chiffre de 459 millions. On voit les progrès énormes que les importations ont faits depuis cette époque.

En ce qui concerne les bestiaux, les importations s'élèvent :

Pour 1874 à.........	111	millions de francs.
Pour 1873 à.........	154	—
Pour 1872 à.........	177	—
Pour 1871 à.........	172	—

Les exportations, pour les mêmes années, ont été :

En 1874, de.........	50	millions.
En 1873, de.........	47	—
En 1872, de.........	23	—
En 1871, de.........	6	—

On voit, par ce relevé, que les chiffres de l'année 1871, comparés à ceux de 1874, présentent une augmentation pour les animaux étrangers et une diminution pour les bestiaux français.

Les produits de la ferme sont la source d'une grande richesse pour le pays. Les exportations d'œufs se sont élevées à 40 millions, après avoir atteint successivement 35 millions en 1873, 30 millions en 1872 et 26 millions en 1871.

Les exportations de beurres, qui étaient de 45 millions en 1871, de 56 en 1872, de 76 en 1873, se sont élevées à 90 millions pour 1874. Jamais, depuis plusieurs années, l'exportation n'avait été aussi considérable ; c'est que les beurres français sont très estimés dans les pays étrangers et donnent lieu à des demandes nombreuses.

Pour les vins, les importations ont atteint les chiffres suivants pour les quatre dernières années :

En 1874.............. 30 millions.
En 1873.............. 28 —
En 1872.............. 19 —
En 1871.............. 6 —

Les exportations, pour les mêmes années, ont donné les résultats ci-après :

1874.............. 236 millions.
1873.............. 281 —
1872.............. 273 —
1871.............. 238 —

Il y a, comme on peut le voir, une diminution dans les exportations de 1874, mais le chiffre est encore considérable.

Les eaux-de-vie ont suivi à peu près, quant aux exportations, la même marche que les vins :
Les chiffres sont les suivants :

1874.............. 70 millions.
1873.............. 97 —
1872.............. 80 —
1871.............. 74 —

En ce qui concerne les importations, elles sont restées à peu près les mêmes pendant les quatre années de 1871 à

1874 ; elles ont été de 6 millions en 1873, et de 8 millions les trois autres années.

Quant aux laines, qui forment un des produits considérables du sol, continue M. Wolowski, les importations augmentent sans cesse, et il en est de même des exportations. Les tissus de laine, notamment, ont donné lieu, depuis les quatre dernières années, à des importations et à des exportations considérables.

Voici les chiffres des importations :

En 1874............... 66 millions de francs.
En 1873............... 50 —
En 1872............... 99 —
En 1871............... 77 —

Pour les exportations, on verra, par le relevé suivant, combien a été grand le mouvement depuis 1871.

On compte :

En 1874............... 352 millions.
En 1873............... 325 —
En 1872............... 314 —
En 1871............... 268 —

Il y a encore, avant de terminer, dit M. Wolowski, deux articles très importants à signaler. L'un concerne l'industrie agricole, c'est le sucre ; l'autre, qui constitue surtout l'*article de Paris*, comprend la tabletterie, la bimbeloterie et la mercerie.

En ce qui concerne le premier article, le sucre, les importations, comme on peut le voir par les chiffres qui suivent, ont subi une diminution :

En 1874, elles ont été de 98 millions de francs.
En 1873 — 100 —

En 1872, elles ont été de 110 millions de francs.

En 1871   —   110   —

Les exportations, au contraire, ont augmenté pendant la même période ; en 1874, elles ont atteint 146 millions, et elles n'étaient, pour les trois autres années, 1873, 1872 et 1871, que de 118 millions, 116 millions et 67 millions.

Ces chiffres s'appliquent surtout aux sucres raffinés ; pour les sucres bruts, les exportations ont donné les chiffres suivants :

En 1874...............	72 millions.
En 1873...............	44 —
En 1872...............	60 —
En 1871...............	73 —

Quant aux articles de bimbeloterie, ils donnent lieu à un débit considérable sur les marchés étrangers.

Les exportations, pour les quatre dernières années, ont donné, en effet, les résultats suivants :

En 1874...............	157 millions.
En 1873...............	153 —
En 1872...............	155 —
En 1871...............	108 —

Toutes les industries sont solidaires ; aussi M. Wolowski a cru devoir signaler les chiffres qui précèdent, et qui montrent combien nos produits sont recherchés par l'étranger. En résumé, dit l'honorable président de la Société, en terminant sa communication, on peut remarquer que les exportations n'ont jamais été aussi considérables ; c'est une preuve qu'on se livre avec ardeur à l'industrie qui fait la base de la force et de la richesse du pays.

(Extrait du *Bulletin* de la Société centrale d'agriculture.)

SUR LA FABRICATION

ET LE

COMMERCE DES BEURRES ET DES FROMAGES

(EXTRAIT DU BULLETIN DE LA SOCIÉTÉ CENTRALE D'AGRICULTURE)

M. Barral appelle l'attention de la Société sur l'accroissement continu du commerce des produits animaux, et particulièrement du beurre, dont les exportations ont augmenté
de 12 millions de francs par an pendant les quatre dernières
années qui viennent de s'écouler. On doit, du reste, signaler une augmentation, tant sur le prix de la matière que
dans les quantités exportées. Nos beurres sont demandés
non-seulement par l'Angleterre, mais aussi par l'Amérique ;
des millions de kilogrammes sont expediés pour le Brésil
chaque année. M. Barral a goûté, à la dernière exposition
du Palais de l'Industrie, des beurres retour de ce pays et
qu'il a trouvés très bons. C'est que la préparation a fait de
grands progrès, surtout au point de vue de la perfection du
lavage et de la grande attention donnée aux soins de propreté, sans lesquels il ne peut y avoir de finesse de goût.
Ces conditions sont, en effet, indispensables pour le beurre

d'exportation ; il faut qu'il soit, en outre, de la meilleure qualité et salé. L'exportation des beurres, qui a atteint 90 millions de francs en 1874, s'est élevée, pour la même année, à 37 millions de kilogrammes. Ce dernier chiffre correspond à la production d'un milliard de litres de lait, ou à celle de 400,000 vaches donnantchacune, en moyenne, 7 litres de lait par jour. En présence de ces chiffres, on comprend la valeur croissante du beurre livré à la consommation indigène. Si les ménagères s'en plaignent, on ne peut que s'en féliciter au point de vue des progrès agricoles et de la prospérité nationale, car, dans les hauts prix du beurre, il y a un grand encouragement à l'accroissement du bétail indigène et à la production de la viande. D'ailleurs, la fabrication du beurre laisse, dans les fermes, la caséine, le sucre de lait et des matières albumineuses, qui ne sont pas perdues soit pour l'alimentation humaine, soit pour la nourriture des animaux domestiques. Quant au commerce d'importation du beurre étranger, il reste à peu près stationnaire ; il est compris, depuis trois ans, entre 3 et 4 millions de kilogrammes, pour une somme de 11 à 12 millions de francs.

Le commerce des fromages s'est aussi accru dans une proportion considérable. Toutefois, nous recevons encore trois fois plus de fromages de l'étranger que nous n'en exportons. En 1874, l'exportation s'est élevée à une somme de 6,400,000 fr., et l'importation à 17 millions de francs. Il y a, depuis trois ans, une double tendance : diminution des quantités entrées en France, augmentation des quantités sorties. Toutefois, ce commerce est loin d'avoir l'importance de celui du beurre. Il y a, comme on sait, deux espèces de fromages : les fromages à pâte ferme et les fromages à pâte molle ; ce sont surtout les fromages de Gruyère et de Roquefort qui sont le plus exportés. Les procédés de fabrication ont reçu de grands perfectionnements pour les fromages de Roquefort. Il y a dix ans, à peu près, l'exportation de ces fromages ne dépassait pas deux cents caisses de douze pains ; en 1874, une maison en a exporté quatre mille cinq cents caisses à elle seule. La préparation du pain moisi pour la fabrication du roquefort est une des opérations auxquelles les fabricants attachent le plus d'importance ; on fait une pâte composée, par égales parties, de farine de froment, d'orge d'hiver et d'orge de mars ; on ajoute au mélange 1 hectolitre d'un très fort levain pour vingt-trois parties de pâte, et ensuite 1 litre de vinaigre. Cette masse est pétrie longtemps et fortement, de manière à fournir une pâte que l'on met au four et dont on pousse la cuisson assez loin. A sa sortie du four, le pain est placé dans un lieu légèrement chaud, et quand la moisissure s'est répandue dans toute la masse, on enlève la croûte, on réduit la mie en poudre dans un moulin et on la tamise ensuite ; puis on insuffle cette poudre de pain moisi, après avoir fait des trous, dans la masse comprimée du caillé ; on transporte enfin les fromages dans les caves, où la fermentation se produit. Le roquefort est, aujourd'hui, grâce à tous les perfectionnements apportés à la fabrication, un fromage de qualité exceptionnelle et qui a l'avantage d'être de garde et de pouvoir subir de très longs transports, ce qui n'avait pas lieu autrefois.

Tels sont les renseignements que M. Barral a cru devoir fournir à la Société sur le commerce des beurres et des fromages ; il ajoute, en terminant sa communication, que le commerce des volailles a également beaucoup augmenté, et qu'il s'en fait à l'étranger des expéditions considérables.

EXPÉRIENCES

FAITES

SUR LE RENDEMENT DE CENT JEUNES MOUTONS

NOURRIS AVEC DES RATIONS DÉTERMINÉES

PENDANT VINGT JOURS

DU 8 AU 28 DÉCEMBRE 1874

Dans la séance de la Société centrale d'agriculture de France du 20 janvier, M. de Béhague a donné lecture de la note suivante, relative aux résultats d'expériences faites sur les rendements de cent jeunes moutons nourris avec des rations déterminées pendant vingt jours :

« Les cent jeunes moutons sur lesquels portent nos expériences étaient nés en mars ; j'ai commencé à les livrer à mon acheteur le 8 décembre ; ils étaient âgés de neuf mois; ceux de la dernière livraison du 28 décembre avaient donc vingt jours de plus d'engraissement.

« Malgré cette différence de vingt jours, le tableau que j'ai dressé de mon expérience montre une diminution dans les poids et aussi dans le prix moyen en argent, qui est, pour les moutons de la première livraison âgés de neuf

5

mois, de 42 fr. 02 c., et seulement de 37 fr. 73 c. pour ceux de la dernière livraison ; différence, 2 fr. 29 c., bien qu'ils aient été tous tenus aux mêmes régimes et rations. La différence est donc de 2 fr. 29 c., auxquels il faut ajouter les vingt jours de nourriture en plus.

« On ne doit pas attribuer ces résultats à d'autres causes que celles-ci : la plus ou moins grande aptitude de ces jeunes moutons à plus ou moins profiter de la ration, et, par conséquent, à leur précocité, qui, elle, doit être attribuée, en grande partie, aux qualités laitières des mères.

« Il résulte de mes observations que l'éleveur qui veut obtenir de la précocité, seul et unique moyen de produire de la viande à bon marché, doit, avant tout, choisir ses béliers dans des familles laitières et pousser, autant qu'il le peut, les mères à produire beaucoup de lait : fait considérable et qui a influé sur toute la spéculation.

« A chaque livraison, on a fait choix dans les cent jeunes moutons, livrant chaque fois les plus gras et les plus avancés, par conséquent les mieux conformés et les plus aptes à prendre la graisse, et qui se sont trouvés aussi les plus forts. Les derniers ont naturellement été les moins bien disposés et les moins propres à assimiler avec profit la ration; si tous eussent été de la qualité des premiers, et qu'ils aient tous été vendus le 8 décembre au prix de 42 fr. 02 c., les cent moutons eussent produit 4,200 fr., tandis que la vente n'a produit que 3,894 fr., ce qui a abaissé le prix moyen de chaque mouton à 38 fr. 94 c. Et si on compare la vente des premiers, au prix de 42 fr. 02 c., à celui des derniers, 37 fr. 73 c., on trouve une différence de 2 fr. 29 c. A ce chiffre de 2 fr. 29 c., il faut ajouter le prix de la nourriture de vingt jours, 3 fr. 23 c. Total de la différence, 5 fr. 52 c., que l'on doit, avec certitude, comme nous le disions ci-dessus, attribuer à la plus ou moins bonne qualité laitière des mères.

« Une forte alimentation dans le jeune âge développe, chez l'élève, ses facultés d'absorption, et l'on remarque que, généralement, les bêtes fortement nourries dans leur jeune âge s'entretiennent mieux et tirent un meilleur profit de la ration que les bêtes élevées avec parcimonie.

« De tout ceci il résulte que, pour produire à bon marché, il faut obtenir une grande précocité, et que l'on ne peut espérer y parvenir qu'en nourrissant fortement les mères pendant l'allaitement, et l'élève depuis le jour du sevrage jusqu'à son départ pour la boucherie.

« L'animal qui consommera le plus en moins de temps sera toujours celui qui présentera le plus fort profit à l'éleveur. »

ENQUÊTE

SUR LES

CÉPAGES AMÉRICAINS DANS LA GIRONDE

ET PAR EXTENSION DANS LES DÉPARTEMENTS VINICOLES

ET PARTOUT AILLEURS, RELATIVEMENT A L'ORIGINE ET AUX RAVAGES EXERCÉS

PAR LE PHYLLOXERA VASTATRIX

Le Phylloxera est-il indigène ou originaire d'Amérique ?
La dispute est toujours vive sur ce point. Sans prendre
parti pour l'une ou pour l'autre opinion (quoique nous
ayons de sérieuses raisons de penser que ceux qui donnent
une origine exotique sont dans l'erreur), nous mettons sous
les yeux des lecteurs de ces *Annales* le rapport suivant, fait
au nom d'une commission d'enquête, composée de membres
de la Société d'agriculture de la Gironde.

Cette question d'origine est plus grave qu'on ne se l'ima-
ginerait au premier abord, car, s'il était établi que l'aphis
est le produit, chez nous, de l'importation, on se demande
avec effroi, en présence de l'énorme développement auquel
il est parvenu en peu d'années, quand et comment il nous
serait permis d'espérer sa disparition. Il semble qu'alors nous

serions condamnés à assister à la ruine totale des vignobles français. Si, au contraire, le Phylloxera est indigène, s'il a toujours existé sur nos vignes françaises, sans que jusqu'ici sa présence se soit manifestée au point de devenir un danger, si le développement de l'insecte est dû à des causes particulièrement favorables à des conditions atmosphériques anormales ou transitoires, il y a lieu de compter que des causes inverses produiront, dans un avénir plus ou moins éloigné, des effets opposés, et alors, obéissant aux grandes lois physiologiques qui régissent la matière, le fléau disparaîtrait probablement comme il est venu.

A ce dernier point de vue, le rapport de M. Froidefond confirmerait notre espérance.

Ceci, bien entendu, ne saurait influer sur notre détermination de combattre l'invasion par tous les moyens que la science ou la pratique éclairée mettront à notre disposition. Les pertes déjà subies de ce chef sont immenses ; plus de 200,000 hectares de vignes ont été détruits en huit années, et la progression constante de la maladie autorise à penser que la perte s'élèvera au double en 1876 ! Ce n'est donc pas trop du concours de toutes les intelligences et de toutes les bonnes volontés pour assister la vigne dans son grand combat contre les infiniment petits.

C. P.

RAPPORT DE M. FROIDEFOND.

MESSIEURS,

Vous avez ouvert une enquête sur l'origine du Phylloxera dans la Gironde, et vous m'avez fait l'honneur de me charger

d'un rapport sur cette grande question, qui divise les hommes qui s'occupent de l'étude de cet insecte et des moyens
de le détruire.

La tâche était difficile, et ce n'est qu'à force de recherches et d'observations que nous avons pu rassembler de
nombreux matériaux pour établir des preuves qui ne peuvent être ni réfutées ni mises en doute, parce qu'elles sont
toutes empreintes de la plus grande loyauté et de la plus
rigoureuse exactitude.

Après nous être entendu avec notre honorable président
sur la marche à suivre dans cette enquête :

M. Laliman, l'un de nos collègues, est un de ceux qui
ont importé directement des cépages américains dans la
Gironde, encouragé par le degré d'immunité qu'offraient ses
vignes aux attaques de l'oïdium, alors si meurtrières dans
nos vignobles ;

Interrogé, il dépose : qu'en 1863, il a reçu, presque en
même temps que M. Durieu de Maisonneuve, une certaine
quantité de cépages américains, *Izabelle* et *Catawba*, etc.,
d'envoi de M. Durand, de Philadelphie, et de M. Berckman,
de la Géorgie ;

Qu'il en planta dans le vignoble appartenant aujourd'hui
à Mme veuve Barousse et à M. Raba (palus de Floirac) ;

Que ces plants, là où ils sont placés, c'est-à-dire chez
M. Raba et Mme veuve Barousse, y vivent bien et y produisent ; il ajoute que nuls cépages indigènes qui les entourent ne souffrent de rien, si on doit en juger par l'apparence ;

Que vers l'année 1865 ou 1866, il envoya de ces mêmes
cépages à M. d'Antin, maire de Saint-Médard-d'Eyrans
(Gironde).

Ce propriétaire a remis au déposant une déclaration jus-

tifiant que ces plants de vigne sont vigoureux, bien constitués et sans altération.

Un peu plus tard, le déposant en fit offre à M. de Joigny,
(à Floirac, près Bordeaux), et rien, quant à présent, ne
fait soupçonner qu'ils soient morts ou malades.

M. de Védrine, à Mouchac, canton de Branne, reçut de
M. Laliman des *Clintons* et des *Delaware*, des *Izabelles* et
des *Catawba*, qu'il planta il y a peu de temps (quatre ou
cinq ans).

Ce propriétaire déclare, dans une lettre à la date du
23 décembre 1872, que ces plants sont en pleine végétation, et que, loin de présenter des caractères morbides, ils
accusent au contraire une grande vitalité.

L'exposant ajoute encore qu'il a envoyé à M. le baron de
Pichon, à Bordeaux, des plants *enracinés* de *Delaware*, il y
a quatre ans environ, et que ces plants ne souffrent de
rien qui puisse révéler la nouvelle maladie de la vigne
(*Phylloxera vastatrix*).

M. Lafitte, propriétaire à Coutras, interrogé, répond, dans
sa lettre du mois d'octobre 1872, que nulle part, dans ses
vignobles, il n'a vu la trace du passage de Phylloxera, bien
qu'il ait placé, il y a déjà quelque temps (deux ans), des plants
américains non enracinés que M. Laliman lui avait envoyés.

M. Latapie, maire de Naujan et propriétaire dans le canton de Branne, affirme que les plants de cépages américains réputés comme ne résistant pas à l'action du Phylloxera, et qu'il a reçus de M. Laliman, il y a trois ou quatre
ans, sont dans de bonnes conditions d'existence, et que là
où ils sont on ne peut penser au dépérissement d'aucun
cépage indigène, puisqu'ils offrent la plus belle apparence
de végétation.

M. Laliman, dans une seconde déposition, indique

M. Blanchet, propriétaire dans le palus de Fronsac, comme ayant reçu de lui des plants américains, il y a environ six ans ; que ces plants d'*Izabelle* et de *Catawba*, provenant de sa propriété de la Touratte, n'ont rien d'anormal dans leur existence, que leur parfait état de végétation ne peut inspirer aucune inquiétude sur eux ni sur les autres cépages environnants.

M. Durieu de Maisonneuve, directeur du Jardin-des-Plantes, à Bordeaux, dépose qu'il a reçu, en 1863, d'envoi de M. Durand, de Philadelphie, une grande caisse contenant des plants américains de diverses espèces et variétés cultivées en Amérique ;

Que ces plants enracinés ont été cultivés en petit nombre dans le Jardin-des-Plantes, et qu'ils sont aujourd'hui sans aucune indication de Phylloxera.

Le surplus de ces plants, ajoute le déposant, fut envoyé à Dijon, à M. Laval, directeur du Jardin-des-Plantes de cette ville.

M. Cazenave, propriétaire, dépose que dans son vignoble de La Réole (Gironde) il cultive environ *une centaine* de pieds d'*Izabelle* qui y vivent très bien, et qui n'ont compromis aucun des cépages placés autour d'eux.

M. Bouchet, viticulteur à Montpellier, écrit le 2 janvier 1873, à un de nos correspondants, que les cépages américains qu'il a reçus de lui en 1867 et 1868 ne présentent aucun symptôme qui pourrait résulter d'une atteinte du Phylloxera, et que ces cépages sont placés dans ses vignobles.

On lit dans l'*Union nationale*, de Montpellier, 7 mars 1872, une communication qui a été faite à l'Association scientifique de France par M. Anez. Nous en extrayons ce qui nous a paru offrir quelque intérêt à l'enquête :

« Que l'idée à l'aide de laquelle Planchon et J. Lichtens-
« ten cherchent, depuis deux ans, à expliquer *l'origine* de
« l'aphidien par son introduction sur les chevelées (plants
« enracinés) qui auraient été expédiées d'Amérique à la
« pépinière de Tonelle, à Tarascon, *est une idée invraisem-*
« *blable ;* cette supposition aurait pour conséquence de
« doter mon pays d'une triste célébrité, ainsi que le chef
« bien connu de cet établissement. » Par ces indications,
il est facile de voir que M. Anez ne s'explique pas comment
Tonelle serait le berceau du Phylloxera, puisqu'à l'époque
où la Provence constatait les ravages si considérables occa-
sionnés par cet insecte *Tonelle en était exempt.* Aucune
preuve contraire n'ayant pu nous être fournie et rien de
sérieux et de vrai ne nous ayant été dit, nous pensons, avec
M. Anez, qu'en effet à Tonelle cet aphidien n'était vérita-
blement connu que de réputation.

Mme de Galaup, à Montpouillan (Lot-et-Garonne), écrit, le
17 octobre 1872, que les cépages américains, tant en plants
enracinés qu'en plants ordinaires, qu'elle a reçus directement de la Touratte, d'envoi de M. Laliman, il y a sept ou
huit ans, se sont parfaitement développés, qu'ils n'ont
jamais été atteints de Phylloxera, et que les divers petits
propriétaires ses voisins auxquels elle en a donnés ne se
sont pas aperçus que ces cépages aient eu à souffrir d'aucune maladie jusqu'à ce jour.

M. Pulliat, à Chirouble (Rhône), cultive des cépages américains depuis environ quinze ans, et, depuis lors, il en a
reçu en plants enracinés, d'envoi de M. Berckman, horticulteur aux États-Unis (Augusta, — Géorgie), et l'on sait que
pareil envoi a été fait à M. Laliman.

La confirmation de cette déclaration est écrite dans la
lettre de M. Berckman, du 8 juin 1872 :

Voici ce qu'il écrit :

« Nous n'avons jusqu'ici aucun vestige de Phylloxera et
« le vignoble de l'Ouest n'en paraît pas attaqué ; ce qui fait
« que, depuis quelque temps, on n'entend plus parler des
« terreurs paniques que son apparition a eu pour nous. »

Cherchant encore, nous trouverons que M. André Leroy,
à Angers, si connu par ses travaux horticoles, en avait
également reçu, ainsi que M. Michel, de Lyon ; et que tous
ces cépages sont aussi bien qu'on puisse l'exiger pour
fonder ses espérances sur un bon accroissement et une
notable production.

Il est inutile de constater que ces messieurs ont tiré leurs
plants enracinés du Jardin d'Acclimatation de Paris, qui les
avait reçus d'Amérique, et que, chez la personne qui les
leur avait adressés, rien, pas plus que chez eux, ne donnait le moindre indice de la présence de l'ennemi dévasta-
teur.

A Bordeaux, M. Catros, pépiniériste, dans sa lettre du
1er décembre 1873, indique qu'il y a cinquante ou soixante
ans son père cultivait comme plante d'agrément, plutôt
que comme vigne, certaines espèces de cépages américains
venus directement de ce pays ;

Que ces plants ont parfaitement vécu, que lui-même en
cultive il y a longtemps, et que jamais il ne s'est aperçu
de rien qui puisse attaquer la constitution du sujet. — Il
ajoute, en outre, que les plants qu'il a reçus de M. Bouchereau, château de Carbonieux (Gironde), sont aussi dans le
meilleur état qu'on puisse désirer, et qu'il ne peut venir à
la pensée de personne, en les voyant, qu'ils sont malades
ou chétifs.

Les attestations sont si nombreuses que, bien que votre
commission veuille rétrécir son cadre de déposition, elle

ne peut refuser toutes celles qui lui arrivent de source certaine, et qui ne peuvent être mises en doute.

Nous citerons M. de Vivie, propriétaire à Castillonnais (Lot-et-Garonne), qui déclare dans sa lettre, 24 janvier 1873, qu'il a reçu de M. Laliman, en plusieurs envois, des cépages américains, qu'il les a plantés et cultivés, partie dans son vignoble et partie dans sa pépinière, et qu'il ne s'est pas aperçu qu'ils soient sous aucune influence maladive.

Ce correspondant fait remarquer dans cette même lettre qu'il en a reçu de M. Bouchereau, de Bordeaux ; de M. Durieu de Maisonneuve, de M. Tourès et de M. André Leroy ; que tous ces plants sont absolument dans la même condition.

Le 9 décembre 1871, M. le comte Dillon, propriétaire au château de Besmaux, près Auch, écrit que les cépages américains d'envois de M. Laliman, de Bordeaux, il y a trois ans, ne paraissent pas atteints de Phylloxera, et qu'il est inconnu dans sa propriété.

M. Castagnet, propriétaire à Eysses (Lot-et-Garonne), dans sa lettre du 13 novembre 1872, expose qu'il n'a vu aucune trace du Phylloxera sur les cépages américains *enracinés* qu'il a pris chez M. Laliman en 1871, et il ajoute que M. Fabre, maire de Savignac et voisin de sa propriété, n'a observé aucune manifestation de la présence de l'aphidien sur les cépages américains *qu'il cultive au milieu de ses vignes depuis six ou sept ans.*

Quand nous avons cité M. Pulliat, à Chirouble, et que nous avons reproduit sa déclaration, il ne nous était pas parvenu un renseignement plein d'intérêt que nous reproduisons en laissant parler le déposant :

« Il y a quarante ou cinquante ans à peu près que
« M. Tourès, viticulteur à Machetaux (Lot-et-Garonne),

« cultive des cépages américains, et il est encore à voir les
« désordres révélateurs de la présence du Phylloxera, *in-*
« *connu* dans le Lot-et-Garonne. »

Le même M. Tourès, dans sa lettre du 21 février, indique qu'il a reçu des plants enracinés de New-York, en 1828,
et que ces mêmes plants étaient bien sains, comme il le
sont encore, puisqu'ils n'offrent pas la plus petite indication
de maladie.

Le comte Odart, dont l'ampélographie est si connue, a
écrit à une époque qu'il avait reçu de New-York (1828) des
plants enracinés, et l'on sait que là où il les a cultivés rien
n'indique la présence de puceron.

Il est aussi notoire que la colonie de Métray en cultive,
et qu'elle n'a jamais signalé la présence ni les effets produits
par l'aphidien.

Que, d'ailleurs, M. le marquis de Riodolphi, Florence
(Italie), en cultive près de 100 hectares, et qu'il n'a vu ni
entendu parler de pucerons *(Phylloxera vastatrix)* dans la
partie où il les cultive.

A l'appui de cette déclaration, nous allons reproduire
plus loin le passage de la lettre de M. de Ridolphi où sont
très nettement établis les faits avancés par l'honorable
comte Odart, qui n'a besoin pour se recommander de rien
autre chose que ses études sur la vigne, qui lui ont valu une
place qui restera longtemps dans les souvenirs du viticulteur.

Vérifions la correspondance de M. Nourrigat (24 décembre 1872), président du comice agricole de Lunel. Ce viticulteur, qui cultive depuis longtemps des vignes américaines, déclare que chez lui, pas plus que chez les frères
Audibert, de Tonelle, on ne rencontre d'indication du
Phylloxera, bien que ces cépages soient placés au milieu du
foyer d'infection.

Toujours par correspondance, 14 décembre 1872 et 16 janvier 1873, Montpellier : M. Gaston Bazile, président de la Société d'agriculture de l'Hérault, et M. Marès affirment que bien que l'on cultive depuis *plus de trente ans* des cépages américains dans l'Hérault, nulle part ces vignes ne présentent des caractères phylloxerés.

M. Dupré de Loire, président de la Société départementale de la Drôme (22 janvier 1873), déclare que, dans les contrées vinicoles de son département, il ne croit pas qu'il existe de cépages américains, et cependant la nouvelle maladie de la vigne y a exercé ses ravages.

Écoutons ou plutôt lisons la lettre de M. le marquis de Lépine, président de la Société d'agriculture d'Avignon, le 15 janvier 1872.

Ce propriétaire, qui inspire la plus grande confiance, a présidé l'enquête qui a été faite en 1869, et par conséquent a bien acquis des droits au crédit de ses déclarations :

« Je me suis tenu au courant de tout ce qui a été dit sur
« le Phylloxera, et nulle part je n'ai vu la preuve de l'*hypo-*
« *thèse* dont vous me parlez, que les vignes américaines au-
« raient introduit le Phylloxera en France. »

Est-ce confirmatif, et peut-on sans argutie essayer une réfutation susceptible de détruire autant ce qui a été dit à Bordeaux que ce qui a été dit en Provence ?

D'ailleurs, écoutons M. Pellicot, président du comice agricole de Toulon, et nous verrons comment se formule son opinion à l'égard des cépages américains.

Dans sa lettre du 25 janvier 1873, nous trouvons le passage suivant :

« Si tant est que les cépages américains soient soupçon-
« nés d'avoir introduit le Phylloxera en France, par ce que
« j'en sais et par ce qu'on en dit, je suis disposé à pencher

« pour la négative ; » et il ajoute que l'espèce *Phylloxera vitis* a été découverte, il y a *plus de trente ans*, par les entomologistes allemands (1); il n'avait donc pas besoin de venir d'Amérique.

Nous voudrions pouvoir nous dispenser d'invoquer d'autres témoignages et de vérifier d'autres opinions, mais nous y sommes obligé à cause de certaines contradictions qui nous paraissent de nature à jeter du trouble dans l'esprit de ceux qui semblent croire que les cépages américains ont seuls introduit la nouvelle maladie de la vigne.

En vérifiant l'époque de son invasion dans la Gironde, le peu de ravage qu'elle y a pu faire, les lieux où de préférence, elle s'est établie, la nature du mal occasionné et la prédilection de l'insecte pour les parties de l'arbuste atteint, nous avons été conduit à reconnaître par l'examen que nous avons fait de la propriété de la Touratte, appartenant à M. Laliman, que dans la partie nord la mort à tout moissonné, pendant qu'au midi, bien que peuplé des mêmes espèces et variétés américaines, on remarque un luxe de végétation qui semble défier les causes présumées de la destruction prochaine de nos vignobles girondins.

Nous ne ferons aucun commentaire sur cette constatation; elle est positive et pourra peut-être jeter la lumière sur bien des points de cette grande question qui semble résolue pour un certain nombre, et presque douteuse pour bien d'autres, aussi actifs dans leurs recherches que consciencieux dans leurs observations.

A mesure que nous avançons dans l'enquête, ne trouvet-on pas dans le langage des déposants la conviction tirée

---

(1) Voyez *Monographie des pucerons,* Kaltenback, 1843 ; et Kock, entomologiste : *Monographie des pucerons aphidiens,* 1854-1857.

de leurs observations ? Et, pour en rester convaincu, nous rappelons M. Dupré de Loire, dont nous nous sommes déjà entretenu ; et sans nul doute l'exposé de ce grand viticulteur ne pourra être contesté, parce que les leçons pratiques sont toujours profitables à ceux pour qui les théories n'ont jamais fait qu'éclairer des horizons très limités.

Suivant ce praticien instruit, les premières vignes atteintes ont été celles qui ont remplacé de magnifiques bois de chênes-verts tombés peu d'années avant sous la pioche des travailleurs.

Il ne faut donc pas, dit l'observateur, attribuer *aux cépages américains*, importés *directement ou non*, la cause de la nouvelle maladie de la vigne.

Dans la *Revue scientifique* 1873, M. Heuzé, inspecteur d'agriculture, *nie* que la pépinière de Tarascon, si peuplée de cépages américains, ait été le berceau du mal, puisque c'est dans l'étang désséché de *Puyaut* que se sont manifestés les premiers symptômes de la nouvelle maladie de la vigne.

Vient ensuite M. Cauzid, président de la Société d'agriculture du Gard, qui atteste que sa sœur cultive des vignes de cépages américains de provenance de la *pépinière Audibert*, et que bien qu'elle soit entourée de grands vignobles infectés, elle ne connaît pas chez elle le puceron si redouté.

Quand nous avons appelé votre attention sur ce que dit M. Castegnet dans sa lettre du 13 novembre 1872, nous n'avions pas encore la lettre de M. Fabre, maire de Savignac (Lot-et-Garonne), du 27 janvier 1873.

En voici le contenu :

« Je déclare cultiver depuis huit ans des cépages amé-
« ricains, et n'avoir jamais remarqué sur eux l'indication
« du Phylloxera.

« Ces plants me provenaient de M. Fayre, à Grades ; de
« M. Ferry, à Rastavillac, et de M. Tourès, à Machetaux. »

A Roquemaure, là où l'infection exerce et a exercé ses
ravages d'une manière si désastreuse, M. Marin, maire de
cette commune, dans sa lettre du 21 janvier 1873, déclare
qu'il n'a jamais entendu dire dans son pays que les cépages
américains ont été atteints ou ont détruit les vignes d'alen-
tour ;

« Que, d'ailleurs, il est constant que chez les frères Au-
« dibert, près Tarascon, ces mêmes cépages *n'ont pas pro-
« pagé* le Phylloxera, et n'ont pas été les premiers atteints. »

M. Jaller, à Castillonnès (Lot-et-Garonne), déclare qu'il
cultive des cépages américains parmi des cépages qui com-
posent son vignoble indigène, et qu'il n'a pas remarqué de
Phylloxera, pas plus que ceux qui en cultivent comme lui
et autour de lui.

Revenons à M. Gaston Bazile. Malgré ce que nous avons
déjà reproduit de lui, et sans faire de commentaires sur
cette dernière déclaration, disons néanmoins qu'il serait
surabondant de le rappeler sur la scène des dépositions
pour le succès de l'enquête touchant les soupçons portés
sur l'introduction de la nouvelle maladie de la vigne par
les cépages américains.

Parce qu'il est parfaitement certain, dit le déclarant,
« que bien des cépages américains ont été depuis long-
« temps introduits en France sans qu'on ait vu de Phyl-
« loxera ; nous avons tous dans nos vignes et depuis plus
« de *vingt ans* des *Izabelle* et des *Catawba*, qui poussent
« très vigoureusement sans le moindre symptôme de mala-
« die. » (Montpellier, 14 novembre 1872.)

Venons à Dijon, dans ce centre vinicole. M. Moreau,
ancien jardinier-chef du Jardin botanique de cette ville,

nous explique comment se comportent et se sont comportés les cépages américains *enracinées,* reçus directement de ce pays, aussi bien que ceux qu'il a reçus de M. Durieu de Maisonneuve, de Bordeaux, qui lui fit partager son envoi de Philadelphie (1863).

Reproduisons les termes de sa lettre à la date indiquée, sans nous arrêter à ce qui ne peut intéresser la déposition :

« Depuis 1842 et 1858, le jardin ne possédait que huit
« ou dix variétés : *Izabelle, Catawba, Labruska,* etc. ; mais,
« en 1859, M. Fleurot ayant été nommé directeur, en fit
« *venir d'Amérique* une grande quantité de variétés, et
« quelque temps après nous en reçûmes de Bordeaux,
« d'envoi de M. Durieu de Maisonneuve.

« Toutes ces variétés ont été cultivées jusqu'en 1868 ;
« depuis cette époque, elles ont été un peu délaissées ;
« néanmoins il y en avait et il y en a encore dans un
« *centre de vignes européennes, et il n'y a pas trace de mala-*
« *die causée par le Phylloxera.* »

Si le travail des recherches est difficile dans cette enquête, le concours de bien des hommes remarquables nous les a rendues agréables par leurs dépositions ou leur correspondance. Nous citerons pour exemple le savant M. Marès, qui, dans sa lettre du 16 février 1873, Montpellier, nous écrit encore :

« Je vous l'ai déjà dit plusieurs fois, pour moi, l'impor-
« tation du Phylloxera d'Amérique en Europe n'est qu'une
« pure hypothèse que rien n'est venue confirmer avec
« preuve à l'appui. »

Avant cette date, 16 janvier 1873, cet observateur éclairé écrivait :

« Je puis vous assurer, pour ce qui concerne l'Hérault,
« que, depuis plus de quarante ans, M. Cazalis Alut a pos-

« sédé des vignes américaines près Vic et Frontignan, et
« qu'on n'y a encore jamais vu de Phylloxera. »

M. Henri Bouchet, qui a des vignes américaines depuis
assez longtemps, n'a jamais vu de Phylloxera, et il écrit :

« Quant à moi, qui ai dans ma collection de ces vignes
« depuis quinze ans, je n'ai jamais vu de ces insectes chez
« moi. »

De toutes parts, documents et preuves nous arrivent.

M. Blanc de la Lésie, propriétaire. Nous le reproduisons
en prenant un extrait de sa lettre de Genouilly, par Joncy
(Dijon, 31 janvier 1873) :

« M. Page, qui possède dans une vigne d'un hectare,
« plantée en *Gamai*, deux à trois cents pieds d'*Izabelle*, et
« cela depuis douze à quinze ans, n'a pas remarqué la
« moindre attaque de Phylloxera, qui, fort heureusement
« pour nous, est encore *complétement inconnu* dans le dé-
« partement de Saône-et-Loire. »

M. Planchon, si connu par ses beaux travaux sur le Phylloxera, précise, dans le *Journal d'Agriculture pratique* du
7 novembre 1872, le lieu (Gonvillias, en Portugal) où a
commencé l'apparition de la maladie.

Il cite M. Oliveira Junior comme lui ayant appris que
l'introduction des cépages américains à Gonvillias était
cause de la maladie en Portugal. Il faudrait pour que cette
assertion eût une base solide que ce savant entomologiste
se fût mieux renseigné, et que nous ne puissions pas opposer à son affirmation précitée une preuve tirée des
termes propres d'une lettre ainsi conçue :

« Porto, 22 février 1873.

« *Je crois que l'insecte n'est qu'un effet, et je ne crois pas*
« *à son importation américaine.*

« Tous les renseignements que je pouvais vous donner,
« vous les avez reçus de M. Lopo-Vaz, de Gonvillias, etc.

« Signé : OLIVEIRA JUNIOR. »

Et M. Planchon n'a-t-il pas exprimé et soutenu devant la Société d'agriculture de la Gironde, le 27 juillet 1869 (voir les Annales de cette Société), « *que le Phylloxera a toujours* « *existé dans le pays, et que les maux qu'il produit aujour-* « *d'hui tiennent à des conditions particulières encore indé-* « *terminées, et qu'il ne doute pas que la nature reprenne son* « *action prépondératrice ?* »

C'est égal, on veut une origine, un transport, ou, si mieux vous aimez, une génération spontanée, parce que jamais on n'a vu ni su, dans notre hémisphère, que l'arbuste à vin, rustique et à la fois sensible, donnât asile sur ses feuilles ou sur ses racines à cet ampélophage qui, à l'exemple du serpent réchauffé, pique et tue son bienfaiteur.

De ces trois exigences, il en fallait prendre une : celle de l'origine américaine, paraissant la plus simple, on s'en est emparé ; et, enfin, comme rapprochement, on cite la fièvre jaune des Antilles et le choléra de l'Asie, prenant passage à bord d'un vaisseau, ou placés dans un wagon sans se montrer jamais dans le voyage, voulant surprendre leur proie là où ils s'arrêteront, pour exercer leurs ravages et la destruction.

Tel serait arrivé le Phylloxera de l'Amérique, inconnu et caché dans une balle de coton ou les interstices corticales d'une vigne de ce pays ; puis, d'induction en induction, il aurait, dès l'arrivée, pris son essor vers les campagnes où tout était préparé pour le recevoir dans les vignobles où il devait s'abattre.

Concilier de pareilles idées avec les faits acquis qui se

justifient par *trente-quatre ans de date*, de la plantation du vignoble Audibert au jour de l'invasion de la maladie dans nos contrées, c'est-à-dire que ce puceron a vécu dans un état de léthargie que personne n'osera chercher à expliquer et que la raison la plus vulgaire refusera même de contrôler.

Quoi qu'il en soit, n'étant pas de ceux qui disent : « Qui prouve trop ne prouve rien, » et admettant toujours que l'abondance de bien ne nuit pas, nous reproduisons un extrait du *Bulletin* de la Société d'agriculture de Vaucluse, 3 octobre 1871, où M. Ribière (Jacques), l'un de ses membres, affirme qu'il y a une cinquantaine d'années il a vu des treilles et des mains-courantes en grand nombre dans le jardin de M. Chauffard, près la porte Saint-Michel, à Avignon, périr à la suite de la *pourriture* des racines; c'est dire que la pourriture de cette époque est le Phylloxera d'aujourd'hui, et qu'il a toujours existé, sans préoccuper ni chagriner alors le viticulteur.

L'étude des causes de la maladie ne nous étant pas imposée *dans ce travail*, nous nous réservons de la traiter ultérieurement, et nous revenons à l'enregistrement des dépositions qui doivent faire l'objet de cette enquête.

M. Michel, membre de la Société d'agriculture de Lyon, dont nous avons déjà parlé, nous informe, par sa lettre du 11 février 1873, qu'il cultive un certain nombre de cépages américains, et que jamais il n'a vu trace de Phylloxera.

M. Fournier, propriétaire dans le Loiret, au château de Domanieux, près Gien, nous écrit, à la date du 8 février 1873, pour déclarer qu'il cultive depuis dix ans des plants d'*Izabelle*, reçus de M. Laliman ; que ces plants sont devenus des vignes très vigoureuses, qui n'ont jamais eu ni oïdium ni Phylloxera, et qu'elles n'ont jamais communiqué aucune maladie aux autres vignes situées dans leur voisinage.

M. Gustave Fournet nous écrit du château Raoul, près Créon (Gironde), 5 février 1873, qu'il peut nous donner l'assurance qu'il cultive des cépages américains *Izabelle* enracinés, et qu'il n'a jamais vu trace de Phylloxera ; que les vignes indigènes qui les entourent sont loin de présenter des caractères inquiétants.

Enfin, M. Delribal, à Cahuzac (Lot-et-Garonne) ; M. de Pineau, à Ambarès ; M. de Comet, à Saint-Loubès, et tant d'autres dans la Gironde qui cultivent des cépages américains au milieu de leurs vignobles, attestent que ces mêmes cépages donnés par M. Laliman n'ont pas de Phylloxera, et que les autres vignes au milieu desquelles ils sont placés jouissent de la même immunité.

S'il nous fallait reproduire *in extenso* les renseignements qui nous sont arrivés de tous les points, nous aurions un volume à faire, et ce serait surabondant ; cependant nous ne devons pas vous laisser ignorer certaines déclarations, qui toutes établissent que les cépages américains, non-seulement ne sont pas phylloxerés, mais encore que les cépages indigènes qui partagent le terrain avec eux respirent la plus belle activité séveuse par le luxe de végétation qu'ils étalent.

M. Geoffroy-Saint-Hilaire, directeur du Jardin d'Acclimatation, à Paris, vient de nous fournir son contingent dans sa lettre du 8 février 1873, que nous ne reproduisons qu'en partie :

« Nous cultivons un certain nombre de cépages améri-
« cains..., et jusqu'ici nos vignes n'ont pas eu à souffrir
« du Phylloxera (1). »

---

(1) Ces cépages sont venus directement d'Amérique dans ces dernières années.

Devant de pareilles attestations d'origne aussi sérieuses, nul doute ne peut s'établir, et le blâme se change en éloge pour ceux qui, les premiers, ont importé les cépages américains dans le but tout prophylactique de l'oïdium.

Au moment de terminer notre enquête, il nous parvient une nouvelle communication qui émane du petit-fils et successeur de M. Tourès, pépiniériste à Machetaux, dont nous avons déjà parlé en donnant la déclaration portant la date du 28 février 1873.

Ce déclarant informe que son aïeul a reçu en 1828 et plus tard des vignes venant directement d'Amérique, et qu'aucune d'elles ne sont atteintes de la nouvelle maladie; qu'enfin nulle part où il en a expédié, lui ou ses auteurs, personne ne s'est plaint que ces mêmes vignes fussent malades ou mortes. (Voir sa lettre du 24 février 1873.)

Si nous examinons les derniers travaux de la Société des agriculteurs de France, nous remarquons que, dans leur séance du 14 février 1873, M. Gaston Bazile, l'un de ses membres les plus actifs, en abordant la question de la nouvelle maladie de la vigne, hélas! toujours pendante, autant sur les causes qui la produisent que sur les remèdes qui peuvent la combattre, demande que, s'il est vrai que la submersion hivernale préconisée par M. Faucon est possible, elle soit mise à l'étude, ainsi que l'*immunité des cépages américains*.

Votre rapporteur, poursuivant ses investigations au delà même du cercle qui semblait lui être tracé pour remplir le programme, s'est mis en communication avec M. Edmond Mach, attaché au ministère de l'agriculture en Autriche, qui lui a fourni les informations qu'on va lire dans sa lettre du 16 janvier 1873, d'où nous extrayons ce qui suit :

« On ne peut pas du tout être convaincu que les vignes

« américaines sont la cause de l'importation de la maladie
« en Autriche, il faut *d'autres épreuves* et d'autres études
« pour décider la question. »

Ce fonctionnaire ajoute :

« Nous avons trouvé, en vérité, les premiers Phylloxeras
« sur des ceps américains ; *mais en même temps ils étaient*
« *déjà sur des ceps européens.* »

M. Lopo-Vaz, honorable viticulteur, dont le nom est rappelé par M. Planchon, dans son travail sur la matière, fournit la note suivante dans sa correspondance à la date du 20 janvier 1873, Convillias (Portugal) (1) :

« C'est moi le propriétaire qui ai, le premier, éprouvé,
« dans ce pays, les terribles effets de la maladie ; elle m'a
« ravagé déjà des vignes qui produisaient plus de 5,000 hec-
« tolitres de vin.

« C'est vrai que j'eus dans la vigne premièrement atta-
« quée quelques ceps américains et d'autres greffés avec
« ce sarment ; toutefois, *nous avons reconnu que, déjà en*
« 1862, quarante ou cinquante ceps indigènes séchaient, et
« que ceux replantés à leur place séchaient également, tan-
« dis que les ceps américains *n'ont été introduits chez moi*
« *que de* 1863 *à* 1864 (2). »

Ce correspondant croit devoir dire que ces cépages ne venaient pas directement d'Amérique, puisqu'il les avait reçus d'un ami qui les cultivait chez lui.

Le secrétaire général de la Société royale d'agriculture

---

(1) L'endroit indiqué par M. Planchon comme berceau du Phyl-loxera en Portugal.

(2) M. Lopo-Vaz pense que la maladie des châtaigniers et des orangers est, en Portugal, de même nature que celle qui nous occupe. Il dit avoir constaté dans ses vignes la destruction des amandiers et figuiers.

de Lisbonne, M. Batalla-Reïs, attaché au minitère de l'agriculture, écrit, le 20 janvier 1873 :

« J'ai vu en Portugal, à Regua et au Porto, des vignes
« américaines ; mais je les ai vues complétement libres de
« la maladie..., ainsi que les vignes qui les entourent, qui
« n'étaient pas atteintes dans un rayon de 20 kilomètres de
« Regua et de plus de 48 de Porto.

« J'ajoute que, dans la commune de Regua, il y a des
« vignes d'origine américaine qui ne sont pas encore atta-
« quées, tandis qu'il y a des vignes indigènes qui sont
« mortes. »

Ce déposant déclare que les vignes américaines n'ont été
introduites chez M. Lopo-Vaz de Convillias qu'un an après
l'invasion de la nouvelle maladie de la vigne.

Sur d'autres points de l'Europe, en Hanovre, MM. Schie-
bler et Sohn, directeurs de la pépinière de Celle (Hanovre),
écrivent, à la date du 21 février 1873, qu'ils ont reçu en
1868, et directement d'Amérique, du docteur Siedhof, des
plants enracinés de divers cépages américains, qu'ils ont
partagés avec M. le baron Babo, à Klosterneuburg, près
Vienne, qu'ils ont placé ces plants dans leurs jardins, et
qu'ils n'ont jamais vu trace de Phylloxera ni sur ces plants,
ni sur ceux produits par boutures.

Pour la confirmation de ces faits, nous extrayons d'une
nouvelle lettre de M. Edmond Mach, à la date du 30 janvier
1873, un passage où nous trouvons qu'en effet :

M. le baron Babo a reçu du directeur du jardin de Celle
(Hanovre) les plants dont s'agit, d'où il résulte que le re-
proche fait aux cépages américains, comme étant les intro-
ducteurs de la nouvelle maladie de la vigne en Autriche, se
trouvent singulièrement atténués par ces documents qui ne
peuvent inspirer le plus petit doute.

En Italie, à Florence, M. le marquis de Ridolphi, ayant eu à souffrir de l'oïdium, conçut l'idée d'introduire les cépages américains, qui fort heureusement lui ont résisté, comme aussi aux rigueurs des gelées, qui ont détruit un grand nombre des cépages du pays.

Dans sa lettre de Florence du 5 janvier 1873, ce propriétaire écrit qu'il récolte encore environ 400 hectolitres de vin américain et qu'il ne connaissait pas le Phylloxera, ses vignes étant belles et vigoureuses, sans aucune indication de maladie, et qu'elle est inconnue en Italie.

De toutes parts nous sont arrivés des renseignements écrits et signés, et *pas un* n'est venu indiquer que les cépages américains, en général, sont malades et qu'ils ont contribué à compromettre les vignes européennes au milieu desquelles ils sont placés.

Malgré ces nombreuses attestations fournies par le concours de savants, d'observateurs et de viticulteurs qui nous ont aidé dans nos recherches, il a paru utile à votre commission de se transporter au Jardin botanique de Bordeaux, où M. Durieu de Maisonneuve, son directeur et notre honorable collègue, nous a dirigés pour nous présenter plusieurs variétés de cépages américains : *Catawba*, *Clinton*, *Vitis morticula* et autres, dont le bois était sain et ne présentait aucun caractère révélant les attaques du Phylloxera.

Les racines vérifiées ont donné les mêmes résultats, et tout fait espérer que ces plants de vignes de plusieurs années d'existence, venus directement d'Amérique (d'envoi de M. Durand, de Philadelphie), vivront longtemps et produiront beaucoup.

Après cette visite, votre commission s'est dirigée chez M. Catros-Gérand, jardinier-pépiniériste à Tivoli.

Cet honorable horticulteur, qui inspire toute confiance

par son grand âge, a déclaré qu'il cultivait depuis plus de quarante ans des cépages américains au milieu de vignes européennes, et qu'il ne s'était jamais aperçu qu'elles fussent atteintes du Phylloxera.

Conduite sur les lieux où elles sont placées, votre sous-commission a pu reconnaître que le système supérieur et inférieur de la plante était tout à fait indemne du Phylloxera et de toute altération pathologique, ainsi que les cépages indigènes placés autour de ces vignes américaines.

Pour compléter le travail dont vous avez bien voulu nous charger, nous empruntons au *Bulletin des séances de la Société centrale d'agriculture de France*, troisième série, t. VIII, séance de novembre 1872, les lignes suivantes :

« Quant à ce qui concerne le Phylloxera, les opinions,
« ainsi que M. Barral l'a déjà dit, sont très diverses dans le
« département de l'Hérault.

« La commission officielle n'a pas émis d'opinion défini-
« tive ; elle est encore dans la période des études et des ex-
« périmentations. Une question importante et en quelque
« sorte préjudicielle à résoudre : les viticulteurs se deman-
« dent quelle est l'origine du Phylloxera ; quelques-uns
« disent qu'il vient d'Amérique et accusent même MM. Lali-
« man et Chaigneau de l'avoir introduit ; c'est une accusa-
« tion légèrement portée et à laquelle il est facile de faire
« une objection victorieuse, en disant que la collection des
« cépages américains du *Jardin du Luxembourg* et du
« comte Odart n'ont pas été attaqués par le Phylloxera. »

Il nous reste à dire qu'il est démontré, par les recherches faites par M. Riley (le savant entomologiste américain), que l'état normal du puceron de la vigne, en Amérique, est de vivre sur les parties foliacées de la plante *(Phylloxera gallicole)*, tandis qu'en France, il n'y a été que très accidentellement constaté, et encore ses qualités physiologiques ne sont pas d'une absolue ressemblance avec celui du phylloxera des racines *(Phylloxera radicicole)*.

Qu'enfin ses mœurs, ses habitudes et ses appétits sont différents, puisqu'en Amérique les cépages qui y résistent le plus succombent souvent en France, tel que le *Concord*.

Nous ne pouvons donc pas admettre une identité parfaite entre les Phylloxeras d'Amérique et ceux que nous avons en Europe, parce que ce serait méconnaître d'abord les influences climatériques et le genre d'habitat et de nourriture ; ensuite, et de plus, ce serait oublier très volontairement que, s'il est vrai que ce puceron est d'origine *américaine*, il est certain qu'il doit s'être modifié par les lois naturelles de la succession répétée des parentés, malgré l'éducation la mieux comprise et la connaissance approfondie du mariage des races entre elles, qui tendent toutes, on le sait, à disparaître par ces causes.

Et d'ailleurs, y aurait-il identité, ce ne serait pas un certificat d'origine, puisque les Américains prétendent l'avoir reçu de nous !

Revenons à une autre indication, et ce sera la dernière :

On lit dans le *Patent Office,* qui publie annuellement un rapport sur l'agriculture, qu'en 1870 comme en 1871, on a bien trouvé dans certains États de l'Union des pucerons sur les feuilles, mais on en a cherché vainement sur les racines, notamment à Washington.

Cependant, dans le Missouri, l'aphidien a été trouvé sur les feuilles et sur les racines ; quoi qu'il en soit, il n'est pas un auteur qui puisse affirmer qu'il ait jamais pu donner souci de ses ravages soit au nord, soit au sud, là où l'on peut cultiver la vigne. Comment donc ces mêmes cépages qui résistent dans une hémisphère succombent-ils presque tous dans l'autre, par la présence du même habitant qui occupe ses racines, et presque jamais ses feuilles, en Europe ?

Après ce long exposé, M. le docteur Plumeau, persuadé que la nouvelle maladie de la vigne ne peut être que d'origine américaine, et que d'ailleurs il entend le justifier devant votre commission, malgré les innombrables faits que nous venons de signaler, demande qu'il soit observé que la nouvelle maladie de la vigne a débuté, dans la Gironde, dans les propriétés de MM. Chaigneau et Laliman (palus de Floirac, près Bordeaux), et que tout semble indiquer qu'il ne peut en être autrement, puisque MM. Chaigneau et Laliman ont planté des cépages américains avant l'invasion de la maladie, et qu'ils ont reçu ces plants d'*Augusta (Géorgie)*, d'envoi de M. Berckman, en 1864 et 1865.

M. Laliman proteste contre ces affirmations et produit une lettre de M. Berckman, du 7 août dernier, où ce correspondant déclare qu'à cette époque le Phylloxera était inconnu en *Géorgie* (1).

Il proteste, en outre, contre l'idée inexacte de ceux qui attribuent à sa propriété et à celle de M. Chaigneau le point de départ du Phylloxera dans la Gironde, quand ils ne peuvent fournir que des suppositions hasardées.

M. Laliman ajoute qu'il est, en outre, à la connaissance de tous ses voisins et de tous ceux qui, à titre officiel ou officieux, ont visité ses vignobles, que ce sont précisément les cépages d'origine américaine qui ont été les derniers

---

(1) Les plants qu'il a adressés à M. Laliman sont de la provenance de ses pépinières.

attaqués et qui ont résisté le plus longtemps à la nouvelle maladie, et qu'il y en a encore quelques-uns qui sont entièrement indemnes (1).

Il croit donc qu'il ne doit pas s'arrêter davantage sur l'observation de M. le docteur Plumeau, ayant déjà indiqué qu'en plantant à la Touratte (chez lui) des cépages américains, il exploitait la propriété appartenant aujourd'hui à « Mme Barousse et à M. Raba, qui n'ont pas à se plaindre « du Phylloxera, puisque leurs vignes ne sont pas malades, « bien qu'il eût planté dans ces propriétés les mêmes cé- « pages américains de même origine. »

M. Laliman, ne pouvant accepter l'affirmation si hasardée de M. Plumeau, croit devoir faire observer qu'il a fait venir du Midi, presque en même temps que les cépages américains, des *Mourvèdres* et des *Alicantes*, qui ont été les premiers attaqués chez lui.

De ce qui précède, nous pensons, il résulte, que l'origine du Phylloxera n'a pu être encore constatée, et il ressort des déclarations fournies à l'enquête, autant par écrit que verbalement :

Que cet *aphidien pouvait étre et pouvait exister* dans les couches du sol où la vigne ou tous autres végétaux existent ; mais que rien, jusqu'alors, n'ayant obligé les viticulteurs et les hommes de la science à visiter scrupuleusement les racines de la vigne et ses feuilles, ces insectes

---

(1) Il existe chez M. Chaigneau une treille d'*Izabelle* magnifique, qui tapisse tout le mur d'une remise exposée au midi, et chez M. Laliman, une treille du même cépage, très vigoureuse, qui court sur toute la surface d'une ligne du mur au nord-est de son habitation. Cette vigne d'*Izabelle* était couverte d'une grande quantité de raisins quand nous l'avons vue, et pas le moindre symptôme de maladie n'était apparent.

étaient ignorés là où aujourd'hui on croit qu'ils font pâture des premiers sucs reçus par la vigne, et qu'ils la tuent.

Que, pour qu'il fût exact de dire que le Phylloxera est d'origine américaine, il faudrait établir d'abord que son apparition coïncide avec la date de l'importation de cépages américains, alors qu'il est établi que sur bien des points de la France, même à l'étranger, à des dates très antérieures à l'invasion de la maladie, on cultivait les cépages américains, et que pas un insecte de ce genre ne s'était montré ni sur les feuilles, ni sur les racines de la vigne, qui n'accusait aucune maladie semblable ou en était morte.

D'où il faut conclure que l'étude de la nouvelle maladie de la vigne a besoin d'être encore poursuivie, et que la question d'origine américaine doit, quant à présent, être écartée.

DÉCOUVERTE DU VERRE DURCI

LE VERRE INCASSABLE

PAR

M. J. COURTOIS

Il n'est point de journal, quel que soit son titre, quel que soit le sujet fondamental de sa rédaction, qu'il soit politique, littéraire, commercial, industriel, financier, scientifique, d'agriculture, d'horticulture, etc., qui n'ait parlé de la découverte de M. de La Bastie, industriel à Bourg-en-Bresse, chef-lieu du département de l'Ain.

C'est que cette découverte, dont le fait est aujourd'hui constaté d'une façon certaine, authentique, touche presque à toute chose, intéresse tout le monde comme toutes les grandes découvertes. N'est-ce pas, en effet, une découverte considérable que celle qui, du verre, de la matière cassante, fragile par excellence, fait une matière presque infrangile à l'égal du fer, et cela sans lui faire perdre son autre propriété précieuse, la transparence ? La science aura fait mentir un des proverbes les plus usités ; il ne sera plus vrai de dire : *Fragile comme verre*. Il y aura désormais du verre fragile et du verre qui ne le sera pas.

Nous extrayons du journal *La Vigne,* la relation d'expériences curieuses qui ont été faites pour éprouver la force de résistance du verre durci à des chocs et à la chaleur.

« Un industriel de Bourg, M. de La Bastie, après plusieurs

années d'études et de recherches incessantes, vient de découvrir un procédé pour donner au verre une force de résistance qui le met à l'épreuve de la chaleur, de la grêle et des accidents ordinaires.

« Des expériences viennent d'être faites à la gare de Pont-d'Ain, sur la demande de la compagnie du chemin de fer, qui a voulu s'assurer de la valeur de cette découverte, en vue de l'utilité qu'elle pourrait en retirer pour la fourniture des gares.

« Une feuille de verre ordinaire, épaisse de six millimètres, dont les bords étaient soutenus par un cadre en bois, a été posée sur le sol. On a fait tomber sur la surface de ce verre un poids en cuivre de cent grammes, en élevant graduellement la hauteur de la chute.

« A un choc déterminé par quatre-vingts centimètres de chute, la feuille de verre s'est brisée.

« A cette feuille on en a substitué une autre moins épaisse de moitié, c'est-à-dire de trois millimètres, en verre trempé par le nouveau procédé. On a fait tomber le même poids de cent grammes en l'élevant successivement jusqu'à la hauteur du plafond de la salle, sans que le verre fût endommagé.

« L'expérience s'est poursuivie en dehors de la gare. Le cadre a été posé sur le trottoir extérieur, et l'expérimentateur est monté sur une échelle appuyée contre le mur pour laisser tomber le poids. A une chute de 5^m 75, il a été brisé.

« On a pu alors constater que le verre trempé ne se brise pas par éclats plus ou moins allongés, comme le verre ordinaire. Il se divise en une infinité de petits cristaux résultant de sa nouvelle disposition moléculaire.

« Jeté sur le sol, le verre trempé rebondit en produisant un son spécial assez semblable à celui qui résulterait de la chute d'une feuille de métal.

« L'étude de la résistance à l'action de la chaleur a provoqué une autre série d'expériences.

« Une lame de verre ordinaire a été posée à plat au-dessus de la flamme d'une lampe. Au bout de 24 secondes, un bruit sec annonçait que le verre était fendu.

« Un verre du nouveau procédé, soumis aux mêmes conditions, a résisté indéfiniment. On l'a retiré, et l'ayant plongé dans un seau d'eau, on l'a de nouveau présenté tout ruisselant à la flamme.

« D'aucune façon ce verre n'a été cassé par le feu.

« On voit à combien d'applications nouvelles et utiles pourra donner lieu cette magnifique invention de M. de La Bastie.

« Des brevets sont pris en France et à l'étranger. La société vient de se constituer à Bourg par le concours de quelques amis qui ont offert leur commandite à l'inventeur. Les constructions de l'usine s'élèvent rapidement. »

Des sommes considérables, plusieurs millions, dit-on, ont été offertes par des étrangers, des Anglais et des Américains, à M. de La Bastie, pour qu'il leur cédât son procédé. Il a préféré l'exploiter lui-même. On ne verra pas ici, ce qui se présente fréquemment, des inventions françaises passer les mers et revenir en France sous de nouvelles appellations et avec un nouveau nom d'inventeur.

Nous n'avons pas besoin de dire tout le parti qu'on va pouvoir tirer en horticulture de cette découverte. Quelle perspective pour les jardiniers ! Les cloches, les verres de châssis, les vitrines des serres des jardins d'hiver devenus *incassables !*

Si le mot *incassable* paraît exagéré, disons que le verre durci ou trempé est dix fois plus résistant que le verre ordinaire.

MERCURIALE. — JANVIER 1875.

*Etat du prix moyen des Grains, autres Denrées et Comestibles, dans les principaux Marchés du département de la Charente, pendant la deuxième quinzaine du mois de **Janvier**.*

NOMS des COMMUNES.	PRIX DE L'HECTOLITRE de							PRIX du k. de		PRIX du kilogramme de					PRIX DU QUINTAL métrique de	
	Froment.	Métcil.	Seigle.	Orge.	Mars.	Avoine.	Haricots.	Pain blanc.	Pain bis.	Bœuf.	Vache.	Venu.	Mouton.	Cochon.	Foin.	Paille.
	f. c.	fr. c.	f. c.	f. c.	f. c.	f. c.	f. c.	c.	c.	f. c.	f. c.	f. c.	f. c.	f. c.	f. c.	f. c.
Angoulême	20 23	17 70	14 16	0 0	12 47	14 12	33 77	36	29	1 40	1 10	1 65	1 65	1 40	10 0	6 0
La Rochefoucauld	0 0	0 0	0 0	0 9	0 0	0 0	0 0	36	30	1 60	1 50	1 40	1 60	1 80	0 0	0 0
Rouillac	21 50	0 0	0 0	0 0	12 0	12 0	0 0	36	30	1 60	1 40	0 0	2 0	1 40	0 0	0 0
Aubeterre	0 0	0 0	0 0	0 0	0 0	0 0	0 0	40	30	1 40	1 40	1 40	1 80	1 40	10 0	4 0
Baignes	20 0	0 0	0 0	0 0	10 0	10 0	0 0	35	30	1 80	0 0	1 60	1 80	1 40	8 0	4 0
Barbezieux	0 0	0 0	0 0	0 0	8 0	0 0	0 0	35	30	1 60	0 0	1 60	1 60	1 50	8 0	4 0
Chalais	20 50	0 0	0 0	0 0	12 0	12 0	0 0	40	30	1 40	0 0	1 40	1 80	1 50	0 0	0 0
Châteauneuf	21 0	0 0	0 0	0 0	13 0	12 0	0 0	39	30	2 0	0 0	2 0	2 0	1 30	9 0	6 0
Cognac	21 0	0 0	0 0	0 0	13 0	12 0	0 0	36	30	2 0	0 0	2 0	2 0	1 30	9 0	6 0
Jarnac	0 0	0 0	0 0	0 0	0 0	0 0	0 0	36	30	2 0	0 0	2 0	2 0	1 30	9 0	6 0
Chabanais	19 0	15 0	13 0	0 0	0 0	12 0	0 0	40	30	1 80	1 40	1 60	1 60	1 40	8 0	4 0
Confolens	0 0	0 0	0 0	0 0	0 0	0 0	0 0	35	30	1 60	1 60	1 60	1 60	1 60	0 0	0 0
Saint-Claud	20 0	0 0	13 0	12 0	11 0	12 0	0 0	44	32	1 60	1 50	1 60	1 60	1 40	0 0	0 0
Aigre	18 50	13 0	0 0	12 35	10 52	12 16	0 0	36	29	1 50	0 0	1 50	1 50	1 40	8 0	5 0
Mansle	19 0	0 0	0 0	13 50	13 25	12 25	0 0	35	29	1 60	1 60	1 60	1 60	1 40	9 0	4 80
Ruffec	19 25	0 0	0 0	13 0	13 50	12 0	0 0	34	28	1 60	1 60	1 80	1 80	1 70	0 0	0 0

MERCURIALE. — FÉVRIER 1875.

Etat du prix moyen des Grains, autres Denrées et Comestibles, dans les principaux Marchés du département de la Charente, pendant la deuxième quinzaine du mois de Février.

Valeurs exprimées en francs (f.) et centimes (c.).

NOMS des COMMUNES.	PRIX DE L'HECTOLITRE de							PRIX du k. de		PRIX du kilogramme de					PRIX du quintal métrique de	
	Froment.	Méteil.	Seigle.	Orge.	Maïs.	Avoine.	Haricots.	Painblanc.	Pain bis.	Bœuf.	Vache.	Veau.	Mouton.	Cochon.	Foin.	Paille.
Angoulême	19 55	17 25	14 83	14 0	12 15	14 0	31 68	35	28	1 45	1 15	1 70	1 70	1 40	10 0	6 0
La Rochefoucauld	0 0	0 0	0 0	0 0	0 0	0 0	0 0	35	29	1 70	1 60	1 50	1 50	1 50	8 40	5 20
Rouillac	20 0	0 0	0 0	0 0	12 0	11 75	0 0	35	30	1 80	1 40	2 20	2 0	1 50	0 0	0 0
Aubeterre	0 0	0 0	0 0	0 0	0 0	0 0	0 0	40	30	1 40	1 40	1 40	1 60	1 40	0 0	0 0
Baignes	20 0	0 0	0 0	0 0	12 0	10 0	0 0	35	30	1 50	1 20	1 20	1 50	1 30	8 0	4 0
Barbezieux	0 0	0 0	0 0	0 0	0 0	0 0	0 0	35	30	1 60	0 0	1 60	1 60	1 40	8 0	4 0
Chalais	20 0	0 0	0 0	0 0	12 0	12 0	0 0	40	30	1 40	0 0	1 40	1 80	1 50	0 0	0 0
Châteauneuf	21 50	0 0	0 0	0 0	12 0	12 0	0 0	39	30	2 0	0 0	2 0	2 0	1 30	9 0	6 0
Cognac	21 0	0 0	0 0	0 0	12 0	12 0	0 0	36	30	2 0	0 0	2 0	2 0	1 30	9 0	6 0
Jarnac	0 0	0 0	0 0	0 0	0 0	0 0	0 0	36	30	2 0	0 0	2 0	2 0	1 30	9 0	6 0
Chabanais	19 0	15 0	13 0	0 0	0 0	12 0	0 0	40	30	1 80	1 40	1 60	1 60	1 40	8 0	4 50
Confolens	0 0	0 0	0 0	0 0	0 0	0 0	0 0	40	30	1 60	1 60	1 60	1 60	1 40	0 0	0 0
Saint-Claud	19 0	0 0	13 0	10 50	11 50	12 0	24 0	35	30	1 60	1 50	1 50	1 60	1 40	0 0	0 0
Aigre	17 58	12 48	0 0	14 86	10 98	11 66	0 0	35	28	1 50	0 0	1 50	1 50	1 40	8 0	5 0
Mansle	18 50	0 0	0 0	12 75	12 50	11 50	0 0	34	28	1 60	1 60	1 60	1 60	1 40	8 0	4 80
Ruffec	19 20	0 0	0 0	13 0	12 50	11 25	0 0	33	27	1 60	1 60	1 80	1 80	1 70	0 0	0 0

MERCURIALE. — MARS 1875.

*Etat du prix moyen des Grains, autres Denrées et Comestibles, dans les principaux Marchés du département de la Charente, pendant la deuxième quinzaine du mois de **Mars**.*

NOMS des COMMUNES.	PRIX DE L'HECTOLITRE de														PRIX du k. de		PRIX du kilogramme de										PRIX du quintal métrique de			
	Froment.		Méteil.		Seigle.		Orge.		Maïs.		Avoine.		Haricots.		Pain blanc.	Pain bis.	Bœuf.		Vache.		Veau.		Mouton.		Cochon.		Foin.		Paille.	
	f.	c.	fr.	c.	f.	c.	f.	c.	f.	c.	f.	c.	f.	c.	c.	c.	f.	c.	f.	c.	f.	c.	f.	c.	f.	c.	f.	c.	f.	c.
Angoulême	18	08	16	0	13	0	12	33	12	24	12	95	31	68	35	28	1	50	1	20	1	80	1	80	1	40	10	0	6	0
La Rochefoucauld	0	0	0	0	0	0	0	0	0	0	0	0	0	0	35	29	1	80	1	70	1	70	1	80	1	40	0	0	0	0
Rouillac	21	0	0	0	0	0	0	0	12	0	12	0	0	0	36	30	1	80	1	40	2	10	1	90	1	50	0	0	0	0
Aubeterre	0	0	0	0	0	0	0	0	0	0	0	0	0	0	40	30	1	40	1	40	1	40	1	60	1	40	0	0	0	0
Baignes	20	0	0	0	0	0	0	0	12	0	10	0	0	0	35	30	1	50	0	0	1	60	1	50	1	30	8	0	4	0
Barbezieux	0	0	0	0	0	0	0	0	0	0	0	0	0	0	35	30	1	60	0	0	1	60	1	60	1	40	8	0	4	0
Chalais	20	0	0	0	0	0	0	0	12	0	12	0	0	0	40	30	1	40	0	0	1	40	1	80	1	50	0	0	0	0
Châteauneuf	20	0	0	0	0	0	0	0	12	0	12	0	0	0	38	29	2	0	0	0	2	0	2	0	1	30	10	0	6	0
Cognac	20	0	0	0	0	0	0	0	12	0	12	0	0	0	35	29	2	0	0	0	2	0	2	0	1	30	10	0	6	0
Jarnac	0	0	0	0	0	0	0	0	0	0	0	0	0	0	35	29	2	0	0	0	2	0	2	0	1	30	10	0	6	0
Chabanais	19	0	15	0	13	0	0	0	0	0	12	0	0	0	40	30	1	80	1	40	1	60	1	60	1	40	8	0	4	0
Confolens	0	0	0	0	0	0	0	0	0	0	0	0	0	0	35	30	1	60	1	60	1	60	1	60	1	60	0	0	0	0
Saint-Claud	18	0	0	0	13	0	10	0	12	50	10	50	23	0	36	30	1	60	1	50	1	50	1	60	1	40	0	0	0	0
Aigre	17	58	12	48	0	0	11	35	10	06	11	40	0	0	35	28	1	50	0	0	1	50	1	50	1	40	8	0	5	0
Mansle	18	0	0	0	0	0	12	75	12	50	11	0	0	0	33	27	1	60	1	60	1	60	1	60	1	40	8	0	4	80
Ruffec	18	25	0	0	0	0	12	50	14	50	11	0	0	0	31	25	1	60	1	60	1	80	1	80	1	50	0	0	0	0

EXTRAIT

DES

PROCÈS-VERBAUX DES SÉANCES

DE LA SOCIÉTÉ D'AGRICULTURE

SCIENCES, ARTS ET COMMERCE DU DÉPARTEMENT
DE LA CHARENTE

SÉANCE DU 15 AVRIL 1875.

PRÉSIDENCE DE M. EUG. DE THIAC,
PRÉSIDENT.

La séance est ouverte à midi et demi.

Le procès-verbal est lu et adopté.

M. LE PRÉSIDENT déclare ouvert le scrutin pour l'élection d'un vice-président et d'un secrétaire-archiviste. Les membres présents remettent leurs votes à M. le Président, qui les dépose dans l'urne.

M. LE PRÉSIDENT fait le dépouillement de la correspondance et communique à l'assemblée :

1° Une circulaire de M. le Ministre de l'agriculture invitant la Société à déléguer un ou plusieurs membres pour

8

assister à la réunion des délégués au concours régional de Saintes.

L'assemblée délègue à cet effet M. Clément Prieur, secrétaire général, et M. le baron Desgraviers ;

2° Une circulaire de M. le Ministre adressée à la Société dans le but d'avoir son avis sur les moyens d'améliorer l'institution des fermes-écoles ;

3° Une lettre de MM. Schaffers et Cie, d'Anvers, recommandant une série d'engrais ;

4° Communication d'un programme d'exposition internationale horticole à Cologne ;

5° Une lettre de M. Barthélemy Dugas, de Cette, signalant un moyen de combattre le Phylloxera et mettant à la disposition de la Société un baril de la préparation dont il est l'auteur :

Urine humaine........	10 litres
Pétrole..............	1 l. 1/2
Eau.................	88 l. 1/2
TOTAL........	100 litres

M. LEVERT dit que jusqu'ici aucun des moyens, et ils sont nombreux, présentés en vue de détruire le Phylloxera, ne semble avoir réussi.

M. LABREGÈRE dit que la mission de l'Académie des sciences n'est pas d'expérimenter les procédés des inventeurs, mais plutôt de contrôler l'efficacité des procédés jugés dignes de concourir pour le prix de 300,000 fr.

M. LE PRÉSIDENT dit que pour se conformer au désir exprimé par M. Dugas, le baril qu'il a adressé à la Société sera mis à la disposition de tout membre de la Société dont le vignoble serait atteint par le Phylloxera et qui voudrait faire l'expérience de son procédé.

M. le Président donne lecture d'une lettre de M. Tritschler, informant la Société que ce constructeur a perfectionné une petite machine à battre qui fonctionne soit à bras, soit au moyen d'un cheval, et dont le prix varie de 250 à 5,500 fr. Cette machine conviendrait à la petite et à la moyenne propriété.

M. Tritschler se met à la disposition de la Société pour faire des expériences, ne doutant pas que sa machine puisse trouver de nombreux acheteurs dans la Charente.

M. le Président se mettra en communication avec M. Tritschler pour s'entendre avec lui sur le jour qu'il conviendrait de choisir pour faire des expériences sur le champ de foire d'Angoulême.

M. le Président donne lecture d'un mémoire de M. Dufresse de Chassaigne, relatif à une donation annuelle que cet honorable membre est dans l'intention de faire, dans le but de favoriser le développement de l'instruction agricole dans le canton de Lavalette.

M. le Président propose à l'assemblée de nommer une commission qui examinerait le mémoire de M. Dufresse de Chassaigne et ferait un rapport sur l'état actuel de l'enseignement agricole dans la Charente et sur les moyens de favoriser son développement.

M. Labregère fait quelques observations sur le projet de M. Dufressé de Chassaigne. Il dit que Jacques Bujault est le premier promoteur de l'enseignement agricole en France. Le courant de l'émigration des campagnes vers les villes ne fut jamais plus actif, il importe donc de plus en plus de le combattre, et aucun moyen ne lui semble plus efficace que celui qui consiste à éclairer l'agriculteur sur sa profession.

M. Ganivet dit que l'on a introduit dans les cours de nos écoles normales primaires des notions d'agriculture. La donation de M. Dufresse de Chassaigne paraît à l'honorable membre tout à fait en rapport avec la situation nouvelle qu'il vient de signaler.

M. Levert dit que l'enseignement agricole n'a pas encore de caractère officiel. Il invite la commission qui va être nommée à exprimer un vœu dans ce sens.

Cette commission, composée de MM. Condamy, Victor Nadaud, Labregère et Rogée, fera son rapport à la prochaine séance.

M. le Président invite l'assemblée à se prononcer sur les présentations faites dans la séance du 15 mars. A la suite de scrutins successifs, MM. Paul Déroulède, Jules du Bois, Gustave du Breton, Joseph Engrand, Henri Couprie, Gaston de James, Michaud, Paulin Larré et baron Henri de Lannoye sont proclamés membres de la Société.

Membres proposés :

M. Pougeard, conseiller général ;

M. Joseph Fouquet, propriétaire, demeurant à Chabrou, commune de Marillac, par La Rochefoucauld ;

M. Angel Garrigou-Grandchamp, propriétaire à Vitrac ;

M. Martin (Philémon), propriétaire à Saint-Amant-de-Nouère ;

Présentés par MM. de Thiac, de Maret, Clément Prieur et Victor Nadaud.

M. le Président donne lecture d'une lettre de M. Bonjour, de Saintes, qui prie l'assemblée de renvoyer à une date qui sera ultérieurement déterminée ses expériences sur les mélanges d'alcools d'industrie et d'eau-de-vie au moyen de l'appareil dont il est l'inventeur.

M. le Président déclare faire don à la Société d'un tableau représentant un laboureur à la tête de son attelage, par Blondel, sur la proposition de M. du Maroussem.

L'assemblée vote des remerciements à M. de Thiac et décide que ce tableau sera placé dans la salle de ses séances.

L'ordre du jour appelle les délibérations de l'assemblée sur le projet de programme du concours de poulains et pouliches proposé pour 1875.

Le programme préparé par le bureau est voté par l'assemblée.

M. Levert dit qu'au moment où s'ouvre pour notre contrée une nouvelle voie ferrée, il lui semblerait opportun pour la Société d'exprimer le vœu que la compagnie des Charentes réduise le plus possible ses tarifs pour le transport de la chaux, du noir animal, de la marne et autres produits fertilisants qui s'exploitent dans la région traversée par la nouvelle ligne.

M. Ganivet donne quelques indications sur les avantages qui pourront, en effet, résulter pour la Charente de l'ouverture de la ligne de Limoges ; M. Ganivet établit même que les intérêts bien compris de la compagnie des Charentes la portent à réduire le plus possible ses tarifs.

M. le Président présente également quelques observations sur les démarches nombreuses auxquelles il s'est livré afin d'obtenir un traitement plus avantageux aux exposants qui conduisent des animaux à nos concours.

M. Rogée donne lecture du rapport de la commission des finances sur les comptes du trésorier pour l'année 1873.

M. le rapporteur exprime, en terminant, le regret que M. Detoc n'ait pas cru devoir, en raison de ses occupations plus nombreuses, continuer son concours à la Société. La commission croit devoir proposer à l'assemblée de décerner à M. Detoc le titre de trésorier honoraire, en reconnaissance des services qu'il a rendus et du désintéressement dont il a fait preuve constamment dans l'exercice de sa délicate mission.

L'assemblée, à l'unanimité, décerne à M. Detoc le titre de trésorier honoraire.

M. Marmoz donne lecture du rapport de la commission des finances pour l'année 1874.

L'assemblée donne son approbation aux conclusions du rapport.

M. Bouniceau (Prosper), ingénieur en chef des ponts et chaussées et membre de la Société, fait hommage à la Société de son Almanach-annuaire pour 1875.

M. le Président écrira une lettre de remerciements à M. Bouniceau au nom de l'assemblée.

M. Rochard, vétérinaire, soumet à l'appréciation de la Société un *Traité spécial d'agriculture pour l'arrondissement de Barbezieux.*

Cet ouvrage est renvoyé à une commission qui sera nommée à cet effet.

Puis il est procédé au dépouillement du scrutin ouvert au commencement de la séance.

M. Levert et M. Condamy ayant obtenu la majorité des suffrages exprimés sont proclamés, le premier, vice-président, et le second, archiviste de la Société.

Rien n'étant plus à l'ordre du jour, la séance est levée à trois heures après midi.

Le Secrétaire général,

Clément Prieur.

SÉANCE DU 15 MAI 1875.

PRÉSIDENCE DE M. EUG. DE THIAC,

PRÉSIDENT.

Après la lecture du procès-verbal, on a voté sur les présentations de la dernière séance.

Et les présentations suivantes ont été faites :

1° M. Albéric Second, par M. le Président et M. le vice-président Levert.

Tous ceux qui se tiennent au courant des œuvres littéraires de l'époque savent combien est populaire le nom de M. Albéric Second.

C'est un glorieux enfant de notre pays. Sa famille y est ancienne, et on se rappelle au palais de justice d'Angoulême tout ce que la présidence de M. Second, son père, y eut d'éclat et de dignité.

M. Albéric Second, après plusieurs publications, vient récemment de publier un roman intitulé : *Les Demoiselles du Ronçay*, qui est le grand succès littéraire de cette année, et voici en quels termes en parle un journal, le 4 avril dernier :

« Nous croyons devoir signaler à l'Académie française,
« puisqu'elle s'occupe de couronner les livres utiles aux
« mœurs, cet ouvrage, profondément honnête, bien écrit et
« très intéressant. »

Un dépôt de cet ouvrage est fait à la bibliothèque de la Société, et ceux qui le liront y trouveront un charme extrême.

M. Albéric Second a écrit de Cannes, où il est en ce moment, cherchant le soleil et la santé, et où, sans doute, sa plume élégante et facile élabore un nouvel ouvrage, pour demander son admission dans la Société.

Il y sera accueilli avec sympathie, et la Société le remercie de ce lointain souvenir.

2° M. Albert de Chamborant de Périssat, présenté par M. le baron de Chamborant de Périssat, son père, et M. le Président.

Le journal *Le Charentais* du 2 mai courant a rendu compte d'un livre intitulé : *L'Armée de la Révolution, ses généraux et ses soldats, 1789-1871.*

L'auteur de ce livre est aussi l'un de nos compatriotes et fils de l'un de nos éminents sociétaires.

M. Albert de Chamborant de Périssat est un ancien officier de cavalerie qui a rempli au moment du siége de Paris, dans la garde nationale, des fonctions qui lui ont permis de bien connaître cette institution et d'en comprendre tout le danger.

Cet ouvrage, dès son apparition, a fait une grande sensation. Un exemplaire figurera dans notre bibliothèque; il est remarquable par les tableaux saisissants que l'auteur y présente et la forme littéraire qu'il lui a donnée.

M. Albert de Chamborant de Périssat est un penseur, un écrivain et assurément un courageux et bon citoyen.

3° M. le docteur Mallez, de Paris, présenté par M. le Président et M. le Vice-Président.

Il y a vingt ans, à l'époque où le choléra sévissait avec violence dans le canton de Mansle, un jeune étudiant en médecine fut envoyé de Paris à Mansle par S. Exc. M. le ministre de l'agriculture pour aider à secourir les malades. Il s'y dévoua comme le docteur Machenaud et les bonnes sœurs de la Sagesse, et la population reconnaissante conserve le souvenir de leur abnégation.

Le jeune élève de cette époque est aujourd'hui devenu un maître ; il est consulté de toutes les parties de l'Europe pour son habileté particulière dans l'art de la lithotritie, l'une des plus belles conquêtes de la chirurgie.

M. le docteur Mallez a publié la thérapeutique des maladies de l'appareil urinaire et un autre s'y rattachant.

Je suis sans autorité pour apprécier ces deux ouvrages, mais je les ai néanmoins lus avec intérêt. En effet, le savant docteur passe en revue les différentes eaux thermales de France et de l'étranger, et il se demande pourquoi, lorsque nous ne possédons pas moins de vingt sources purgatives, nous nous rendons tributaires de l'étranger.

M. le docteur Mallez, en adressant ces deux ouvrages à la bibliothèque de la Société, qui ne reste étrangère ni aux lettres, ni aux sciences, ni aux arts, pas plus qu'à l'agriculture, rappelle les souvenirs de sa jeunesse dans la Charente, où il compte de nombreux amis, et pour se rattacher à nous par des liens plus étroits, il a demandé à devenir membre de notre Société.

4° M. Fougère fils, présenté par M. le Président et M. le secrétaire général Clément Prieur.

M. D^{el} Fougère, fils de l'un des honorables industriels de la ville d'Angoulême, est sorti dans les premiers rangs, il y a dix-huit mois, de l'école nationale d'agriculture de Grignon.

Il fait en ce moment son stage pour étudier l'agriculture flamande à Brebières, dans le Pas-de-Calais. Il ne tardera pas à revenir dans la Charente pour s'y fixer.

5° M. Dulary, chef d'une importante maison de commerce d'eaux-de-vie à Angoulême, présenté par MM. les Président et Vice-Président.

M. Dulary a écrit : « Si je ne suis pas un membre bien actif de votre Société, j'y figurerai du moins par ma cotisation... »

La Société a tenu à remercier M. Dulary du témoignage de confiance qu'il lui donne. Quand une œuvre est utile, c'est le devoir de l'encourager, même au seul point de vue du sacrifice, alors surtout qu'il est réellement minime. C'est ce qu'a compris M. Dulary, et la Société l'en félicite.

6° M. Pitaud, agriculteur, adjoint au maire de Saint-Michel-sur-Charente, présenté par M. Prosper Bouniceau, ingénieur en chef des ponts et chaussées en retraite, et par le Président.

7° M. Pasquet, industriel à Angoulême, présenté par M. Laroche-Joubert, ancien député de la Charente, et M. Paul Sazerac de Forge, conseiller général.

8° M. Amédée Veillon, propriétaire à Neuillac, commune d'Asnières ;

9° M. Lussaud, propriétaire à L'Houme, commune d'Asnières ;

10° M. Emmanuel Aubinaud, arboriculteur à Saint-Martin d'Angoulême ;

Ces trois derniers présentés par M. Émile Boinaud, médecin-vétérinaire à Angoulême, et M. Rousseau, à Saint-Cybardeaux.

11° M. Lucien Texier, médecin-vétérinaire à Mérignac, par Rouillac, présenté par M. Gustave Laplace, de Lafont-Liot, et M. Bilhouet, de Gourville, même canton.

12° M. Jean Fouchier, propriétaire à Vouharte, présenté par M. Charron, de Vouharte, et M. Clément Prieur.

13° M. François Billard père, propriétaire ;

14° M. Léon Billard fils, propriétaire ;

Demeurant tous deux à Galienne, commune de Javrezac,

par Cognac, présentés par M. Condamy, archiviste, et M. Rogée, trésorier de la Société.

15° M. Pallas fils, négociant à Gourville, par Rouillac;

16° M. Octave Georget, propriétaire au même lieu ;

Présentés par M. Couprie, de Gourville, et M. Clément Prieur.

17° M. Ernest de Ruffray, propriétaire à La Forge, commune de Rancogne ;

18° M. Ferdinand Pintaud, propriétaire aux Cours, commune de La Rochefoucauld ;

Présentés par MM. Nadaud, de Chazelles, et baron Desgraviers.

19° M. Robert Astier, né le 31 juillet 1854;

Et 20° M. Frédéric-Ernest Astier, né le 11 avril 1856 ;

Tous deux mineurs, fils de M. Astier, ancien receveur des finances, présentés par lui et par M. le Président.

La Société a été fière et émue de cette détermination du père de famille, et qui lui impose ainsi le devoir de ne mettre sous les yeux de ses fils que le spectacle du travail et des choses utiles ; la Société s'efforcera de répondre à cette sollicitude.

DÉCÈS DE M. DEBECT ET DE M. GAILLARD, CONSEILLER GÉNÉRAL.

Si la Société a des adhérents, la mort lui présente aussi des vides. La Société a perdu, le 3 mars 1875, un collègue sympathique en la personne de M. Debect, ancien maire de Dignac, et avant elle a perdu M. Gaillard, conseiller général, dont on a dit dans une autre assemblée les qualités éminentes. La Société s'associe à cette expression de nos regrets.

CONCOURS HIPPIQUE.

Le concours des poulains et pouliches d'un an, décidé dans la dernière séance, a été réalisé à Angoulême le lundi 10 mai 1875.

Il a réussi au delà de nos espérances, car le temps nous a manqué pour les publications.

Chacun comprend qu'il y a là un élément de richesse économique à développer autant qu'il est patriotique, et l'année prochaine les sujets y viendront en grand nombre.

La Société a distribué lundi trois médailles et 300 fr., et elle réserve une prime d'exportation de 50 fr. pour tout propriétaire de poulains ou pouliches exposés qui seront vendus dans le mois, pourvu qu'ils soient placés dans un bon lieu d'élevage.

DESTRUCTION DU PHYLLOXERA.

M. le Président appelle l'attention de la Société sur l'invention qui serait due à M. Dumas, de l'Institut.

M. Dumas pense, en effet, qu'on peut employer, sans danger pour la vigne, le sulfo-carbonate de potassium, mélangé d'une certaine dose de charbon, de soufre et de potasse.

Comme M. Dumas annonce que des expériences ont été faites à Cognac, la Société va s'en enquérir, et une communication sera faite à ce sujet à la prochaine séance.

M. DUBREUIL.

M. Dubreuil, professeur d'arboriculture et de viticulture, viendra, d'après l'itinéraire fixé par S. Exc. M. le ministre de l'agriculture, en août et septembre prochains.

La Société se mettra en mesure de le bien accueillir et de lui faciliter sa mission, et elle avisera, si cela est possible, pendant son séjour, à organiser à Angoulême une exposition de fleurs, de fruits et de légumes.

SUR LES CHENILLES.

M. DE LENCHÈRES a écrit pour demander un remède efficace pour la destruction des chenilles, qu'il considère comme aussi nuisibles que le Phylloxera.

M. CHARRON, de Voûharte, s'y associe.

Il est répondu qu'il existe plusieurs procédés, notamment par l'acide sulfureux, mais que la question serait soumise à M. Dubreuil.

M. P. GUÉRIN a offert à la Société une notice sur le Phylloxera et les vignes de l'avenir, et une lettre au ministre sur des pépinières viticoles.

Il en sera rendu compte ultérieurement.

Le Président,

EUG. DE THIAC.

SÉANCE DU 15 JUIN 1875.

PRÉSIDENCE DE M. EUG. DE THIAC,
PRÉSIDENT.

La séance est ouverte à midi et demi.

Le procès-verbal de la dernière réunion est lu et adopté.

M. le Préfet, invité par notre Président, a bien voulu honorer l'assemblée de sa présence.

M. LE PRÉSIDENT fait connaître que M. Dubreuil, professeur d'agriculture et d'horticulture, doit venir au mois d'août prochain faire des conférences dans le département; il pense qu'il serait convenable, pour recevoir dignement ce professeur éminent, d'organiser une exposition de fleurs, fruits et légumes. Une idée nouvelle à inaugurer dans ce concours serait de nommer quelques dames comme membres du jury d'examen; les dames, toujours pleines de goût, ne pourraient donner que du relief et de l'attrait au concours et en assurer le succès.

Il est donné lecture de la liste des présentations nouvelles. Voici les noms des personnes qui désireraient faire partie de notre Société :

1° M. le docteur Bouillaud, membre de l'Académie des sciences, commandeur de la Légion d'honneur ;

2° M. A. Mourier, vice-recteur de l'académie de Paris, commandeur de la Légion d'honneur ;

3° M. Charles Gomel, maître des requêtes au Conseil d'État ;

4° M. Abel Mathieu-Bodet, propriétaire à Saint-Saturnin ;

5° M. Marcel Rambaud de Larocque, docteur en droit ;

6° M. Darnal, conseiller général, à Gourville ;

7° M. Jean Chausse, propriétaire à Marancheville, commune de Mainxe, présenté par M. Saunier ;

8° M. Jean Bonnenfant, propriétaire à Lairet, commune de Rouillac, présenté par M. Normandin ;

9° M. Léonard Roby, propriétaire à Marcillac ;

10° M. Papillaud, instituteur à Montboyer ;

11° M. Audouin, propriétaire et adjoint à Montboyer ;

Ces deux messieurs, présentés par M. Lavaud ;

12° M. Guillot, médecin à Gourville ;

13° M. Bertiaux, propriétaire à Gourville ;

Présentés par M. Couprie ;

14° M. Guerive, propriétaire au Peu, commune de Juillac-le-Coq, présenté par MM. Bertaud et Condamy ;

15° M. Triplon, négociant et propriétaire à Jurignac, présenté par M. Deschamps ;

16° M. Dupuy, pharmacien à Châteauneuf, présenté par MM. Robuste père et fils ;

17° M. Joumier, propriétaire à Puybollier, commune d'Échallat ;

18° M. Hilaire Nadaud, médecin à Angoulême, présenté par MM. Rogée et Condamy ;

19° M. Lembert, propriétaire et fermier à La Malsaisiè, canton de Lavalette ;

20° Henri Tabuteau, propriétaire à Châteauneuf, présenté par M. Prieur ;

21° M. Piveteau, propriétaire au Pontouvre ;

22° M. Pierre Roux, propriétaire à La Fichère, canton de Saint-Amant-de-Boixe ;

23° M. Favraud, propriétaire à Vaugeline, commune de Ruelle ;

24° M. Mailloux, propriétaire et géomètre Chez-Sureau, commune de Champniers ;

25° M. Maigret, propriétaire à Feuillade, commune de Champniers ;

26° M. Fougère, médecin-vétérinaire à La Couronne ;

27° M. Adolphe Lalande, à Angoulême, présenté par M. Ribot.

Il sera procédé le mois prochain à l'élection de ces messieurs.

Au sujet de cette longue liste, M. de Thiac exprime

d'une manière chaleureuse toute la satisfaction qu'il éprouve de voir le nombre de nos adhérents augmenter chaque jour; il engage les sociétaires à amener des adhérents nouveaux, ils seront en bonne compagnie; nous voyons, en effet, que des enfants de la Charente qui, par leurs grands talents et leur mérite incontesté, sont arrivés au sommet de l'échelle sociale, ne dédaignent pas de se faire inscrire parmi les membres de notre modeste Société agricole.

M. le Président fait connaître qu'il a reçu différentes lettres annonçant l'apparition du Phylloxera dans diverses contrées de la Charente. Il s'est empressé d'aller voir M. Dumas, secrétaire perpétuel de l'Académie des sciences, lequel lui a rappelé que des instructions officielles allaient être adressées pour l'emploi du sulfo-carbonate de potassium, qu'il regarde en ce moment comme un remède utile; que, du reste, il y a dans la Charente, en ce moment, quatre délégués de l'Institut chargés de donner tous les éclaircissements nécessaires; ce sont MM. Mouillefer, Maxime Cornu, Maurice Girard et Boutin aîné.

M. Dumas a remis au Président trois exemplaires des procès-verbaux imprimés par l'Académie des sciences, concernant le Phylloxera. M. de Thiac dépose sur le bureau l'un de ces exemplaires, et il en a remis un second à M. le Préfet, pour être tenu à la disposition des intéressés. M. de Thiac dépose également sur le bureau un litre de sulfo-carbonate de potassium.

M. le Président annonce avoir écrit aux quatre délégués ci-dessus de vouloir bien assister à la séance de ce jour. M. Mouillefer a fait connaître que lui et son collègue, M. Maxime Cornu, ne pouvaient venir; mais MM. Maurice Girard et Boutin ont répondu à l'appel. Ces messieurs sont invités par M. le Président à donner des explications sur la mission qu'ils ont remplie et les observations qu'il ont pu faire.

M. DE THIAC dépose sur le bureau, pour être conservés dans notre bibliothèque :

1° Deux ouvrages de M. le docteur Bouillaud : *La Philosophie médicale*, 1 vol., et *Les Maladies du cœur*, 2 vol. ;

2° La thèse de docteur ès lettres de M. Mourier ;

3° L'ouvrage de M. Charles Gomel, sur *Les Chambres hautes françaises et étrangères;*

4° *L'Histoire des éventails*, par Blondel, avec notice sur l'écaille, la nacre et l'ivoire ;

5° Le *Rapport de la Boulangerie coopérative d'Angoulême*, par M. Bouchaud-Praceiq ;

6° Une brochure de M. Hilaire Nadaud, médecin à Angoulême, sur *La Mortalité des nourrissons* ;

7° Un volume grand in-8° : *Le Tarif général et raisonné des notaires*, par M. Albert Amiaud.

M. le Président annonce qu'il a reçu au sujet du Phylloxera :

1° Une lettre de M. Pajot, conducteur des ponts et chaussées;

2° De la part de M. Darnal, conseiller général, une carte du canton de Rouillac indiquant les communes où le Phylloxera est apparu : onze sur dix-sept ;

3° Un mémoire de M. Bréjon, sur les procédés de destruction du Phylloxera ;

4° De M. Gaignerot de Fondenis, un mémoire ayant trait au même sujet.

Ces lettres et mémoires seront envoyés à M. Maurice Girard, ainsi que le mémoire lu en séance par M. Dupuy, pharmacien à Châteauneuf.

Sur l'invitation de M. le Président, M. Girard prend la parole pour donner le résultat de ses observations et faire connaître les moyens préservatifs et curatifs du fléau de nos vignes.

L'orateur fait un historique succinct du Phylloxera ; il pense qu'on ne doit pas trop chercher l'origine du fléau ni les étapes de sa marche progressive, parce qu'on risquerait de commettre des erreurs fâcheuses. Chacun pourrait accuser son voisin de négligence. Celui qui crierait le plus fort pourrait fort bien avoir ses vignes phylloxérées, à son insu, bien avant le propriétaire vigilant qui l'aurait reconnu dès le début.

La génération de l'insecte est fort singulière : les individus femelles et sans ailes qui vivent sur les racines peuvent donner plusieurs générations successives sans le concours des mâles. A mesure que la température augmente, elles montent sur les ceps, pondent des œufs qui donnent naissance à des mâles et à des femelles. Ces nouveaux venus, qui sont pourvus d'ailes, s'accouplent en plein soleil. Les vents peuvent les emporter fort loin, trente ou quarante kilomètres.

Le seul moyen certain de détruire ce puceron serait la submersion ; mais comme elle devrait durer trente ou quarante jours, comme cela peut se faire en Crimée, ce procédé est impossible en France.

Le meilleur agent connu jusqu'à ce jour est le sulfo-carbonate de potassium préconisé par M. Dumas, secrétaire perpétuel de l'Académie des sciences et président de la commission du Phylloxera. C'est le remède le plus actif quand la maladie est répandue dans le sol. Les gaz sulfureux qui se dégagent peu à peu du sulfo-carbonate produisent l'asphyxie des insectes. Une dose trop forte tuerait la vigne.

La dose utile et suffisante est par cep ou par mètre carré de 25 centimètres cubes ou 30 grammes environ, dissous ou délayés dans dix litres d'eau. Du pied de chaque cep on ramène la terre en dehors, de manière à faire cuvette, et l'on y répand le liquide. Pour faire pénétrer le sulfo-carbonate plus profondément, on fait un second arrosage avec de l'eau seulement, en proportion plus ou moins grande selon que la terre est sèche ou humectée par les eaux de pluie.

En règle générale, les remèdes à employer doivent agir sous forme gazeuse, parce qu'ils asphyxient. Les substances toxiques en dissolution tuent la vigne et sont sans action sur les Phylloxeras : le corps de ces insectes est couvert d'un enduit gras qui empêche tous les liquides de les mouiller. Les dissolutions de mercure et d'arsenic essayées par quelques personnes ont parfaitement empoisonné les vignes, mais n'ont rien fait aux insectes.

M. LE PRÉFET prend la parole pour faire remarquer que MM. les délégués ne peuvent se rendre partout où leur présence serait utile. Il prie ces messieurs de faire des conférences dans chaque canton, au centre des points attaqués. Il dit qu'il serait bon de publier une notice détaillée sur le grave sujet qui préoccupe les propriétaires de vigne. Cette notice devrait être d'un prix très minime, afin qu'elle puisse être mise à la portée de tous les intéressés.

La séance est levée à trois heures.

Le Secrétaire général,
CLÉMENT PRIEUR.

CULTURE DE LA TRUFFE

RAPPORT

PRÉSENTÉ A LA SOCIÉTÉ D'AGRICULTURE DE LA CHARENTE

DANS SA SÉANCE DU 15 DÉCEMBRE 1875

PAR

M. CONDAMY

Archiviste de la Société d'agriculture

MESSIEURS,

M. de Thiac, notre honorable et zélé président, a fait don
à notre bibliothèque et à chacun des membres du bureau
d'un exemplaire de l'ouvrage de M. J. Valserres traitant
de la culture de la truffe. A la réunion du 25 décembre
dernier, vous m'avez chargé de faire un rapport sur ce volume. Je viens aujourd'hui remplir ma mission et vous
donner mon appréciation sur ce sujet.

Depuis quelques années, la question des truffes prend
une importance qui grandit chaque jour. Des savants de
profession, des agriculteurs praticiens, des hommes d'initiative s'en occupent d'une manière assidue; les uns pour

connaître l'histoire intime de la truffe, les autres pour propager les procédés de culture. Les premiers pensent, avec raison, que lorsqu'on connaîtra avec certitude les causes qui donnent lieu à la formation de ce précieux tubercule et les conditions accessoires qui les favorisent, on pourra, avec bien plus de chances de réussite, travailler à la formation des truffières artificielles. Les praticiens qui, de leur côté, depuis vingt-cinq ans, ont converti une grande partie de leurs domaines en bois truffiers, ne craignent pas de divulguer les secrets du métier.

La librairie nous offre, chaque année, un livre nouveau ayant pour but de populariser cette branche de l'agriculture, qui serait si applicable dans le département de la Charente, où elle donnerait de la fertilité à des milliers d'hectares de terrains en chaume actuellement improductifs, et à certaines vignes si pauvres qu'elles ne remboursent pas les frais de culture.

Avant l'établissement des chemins de fer, la truffe, de même que le gibier, était un produit local, dont la plus grande partie se consommait dans la contrée. Les prix étaient abordables, les petits ménages pouvaient en goûter une ou deux fois chaque saison. Aujourd'hui, grâce aux voies rapides de transport, la clientèle s'est largement agrandie, les demandes surpassent la production. Bien que la récolte naturelle soit maintenant plus active et que la culture artificielle, dans quelques départements du Midi, en fournisse des quantités considérables, les prix ont plus que doublé comparativement à ce qu'ils étaient il y a une trentaine d'années, et augmenteront probablement encore. Son importance commerciale est actuellement de 15 à 20 millions par année.

La truffe parfumée est un produit exclusivement français. Soit en nature, soit mis en conserves par d'habiles préparateurs, on l'expédie vers toutes les capitales de l'Europe et même de l'Amérique. Sur la table des riches, elle va rencontrer d'autres enfants de la patrie, tels que champagne, bourgogne, bordeaux, cognac et autres produits inimitables de notre sol privilégié.

Je viens vous entretenir d'un livre nouveau, intitulé : *Culture lucrative de la truffe par le reboisement*, par M. Jacques Valserres. L'auteur est un homme convaincu, plein d'initiative, tellement pénétré de son sujet qu'il entreprend un projet de propagande truffière ayant pour but de concentrer tous les efforts des naturalistes, des comices agricoles et des amateurs, dans le double but de cultiver les truffes et de reboiser les terrains incultes. Ce projet est louable à tous égards et mérite l'appui de tous les hommes de progrès. Nous ne pouvons mieux faire que de citer un passage de son volume :

« Un sol dénudé a une grande influence sur la tempé-
« rature, en été il rend la chaleur excessive et en hiver le
« froid insupportable. Ce n'est pas tout : l'aridité du sol
« fait fuir les nuages et empêche les pluies de tomber ;
« c'est ce qui détermine les trombes et les orages dont nous
« avons tant à souffrir. Enfin, la dénudation du sol a
« changé le régime des eaux : en été, lorsque règne la
« sécheresse, les sources se tarissent et les petites rivières
« cessent de couler. Lorsque surviennent les orages, ces
« mêmes rivières se changent en torrents dévastateurs et
« inondent toutes les parties voisines de leurs rives.

« Ainsi la sécheresse et les orages sont deux phénomènes
« qui s'engendrent l'un par l'autre, et auxquels on ne peut
« remédier que par le reboisement. Or, comme la truffi-
« culture est le plus puissant auxiliaire de cette mesure

« réparatrice, nous espérons être utile à notre pays en
« signalant tous les avantages, en poussant les populations
« méridionales dans cette voie nouvelle. Un auteur que
« nous avons cité, M. Bedel, inspecteur des eaux et forêts
« à Avignon, le comprend comme nous-même. Écoutez,
« s'écrie-t-il, ceci n'est point un paradoxe, mais bien une
« belle et bonne vérité : la truffe fera peut-être pour la res-
« tauration de nos montagnes du Vaucluse plus que la
« crainte des inondations, plus que les règlements d'admi-
« nistration publique, plus que la loi de 1860. »

Applaudissons à ces paroles généreuses, appliquons-en
les principes à notre département ; ce sera du patriotisme
bien compris, puisque l'intérêt public et l'intérêt privé y
trouvent également leur profit.

Cette industrie nouvelle a pris une extension considérable
dans le midi de la France. Le Vaucluse compte aujourd'hui
cinq mille hectares de bois truffiers ; la Drôme, les Basses-
Alpes suivent la même voie ; le Lot, la Dordogne et la
Vienne fournissent des imitateurs. Faisons tous nos efforts
pour que la Charente sorte de la routine et ne se prive pas
plus longtemps d'une culture facile et lucrative dont le ren-
dement moyen est de 300 à 800 francs l'hectare, selon la
qualité et l'épaisseur de la couche de terre cultivée.

Les procédés employés pour créer des truffières artificielles exigent peu de frais et présentent peu de difficultés.
Ils consistent :

A nettoyer et labourer le terrain ;

Tracer à la charrue des sillons dirigés du nord au sud
et espacés de six à dix mètres l'un de l'autre ;

Dans les sillons semer des glands bien sains ramassés
aux pieds de vrais chênes truffiers ;

Recouvrir le semis par un second trait de charrue ;

Tous les ans, guéreter le terrain pour empêcher le jeune plant d'être étouffé par les herbes parasites. Les premières années, on peut cultiver l'espace libre en plantes annuelles. M. Valserres recommande même d'y planter de la vigne, qui à quatre ans commence à donner du revenu, sauf à l'arracher plus tard, quand elle a douze ou quinze ans et que [l'on] s'aperçoit que ses racines font tort à celles du chêne.

Il n'est pas donné à [tout le monde d'avoir de grands espaces bons à convertir en taillis; mais à la campagne, chacun dans sa cour, dans son jardin ou au bout de son champ possède un endroit disponible pour y semer quelques glands ou bien y planter deux ou trois pieds de jeunes chênes truffiers. Six à huit ans après, on aura la satisfaction de récolter, chez soi, quelques truffes qui, remises à la ménagère, seront le prétexte d'une petite fête de famille. Ce léger succès sera un encouragement à tenter une opération plus sérieuse.

Le plus grand inconvénient que l'on puisse reprocher à la trufficulture est le maraudage. Le propriétaire du sol ne récolte jamais rien, les braconniers prennent tout. De nuit et de jour, les maraudeurs parcourent la campagne, exploitent le domaine d'autrui, enlèvent la récolte sur pied; tels d'entre eux se font 500 à 1,000 francs de revenu sans payer un sou d'impôt. Dame Justice ferait une bonne prise si, un jour de marché, il lui prenait fantaisie de s'adresser à ces industriels et de leur demander l'origine de leur marchandise.

M. Valserres, dans son livre, parle longuement de la théorie de la truffe. De tous les systèmes émis à ce sujet, il n'en reste plus que deux entre lesquels les opinions sont partagées. Les uns disent que la truffe est une galle produite par la piqûre d'un insecte ; les autres soutiennent que la truffe est un champignon, c'est-à-dire un développement fructifère produit par une très petite plante blanche souterraine, appelée *mycelium*. M. Valserres croit aux galles produites par des mouches. Il soutient son opinion en termes passionnés ; il attaque vertement l'Académie et les académiciens qui ne sont pas de son avis. Au mois de septembre dernier, il a montré des mouches truffigènes à l'exposition des insectes utiles, et il a fait des conférences de trufficulture basées sur cesdites mouches. Malgré toutes ces assurances, nous nous permettons de n'être pas de son école. Depuis trois ans, nous avons beaucoup exploré les truffières à toutes les époques de l'année ; nous avons beaucoup cherché, beaucoup trouvé, nous avons recueilli des documents assez nombreux pour nous forcer à admettre la théorie du champignon. Nous espérons prochainement soumettre nos preuves au jugement des membres de la Société d'agriculture.

RAPPORTS

DE LA

COMMISSION DES FINANCES

SUR L'ÉTAT DES COMPTES DE GESTION

DE LA SOCIÉTÉ D'AGRICULTURE

AU 31 DÉCEMBRE DES ANNÉES 1873-1874

GESTION DE L'ANNÉE 1873.

Messieurs,

J'ai l'honneur de déposer sur votre bureau le rapport de la commission des finances sur les sommes reçues et payées par M. le trésorier pendant l'année 1873. Je joins à ce rapport un état détaillé des recettes et des dépenses, duquel il résulte que le solde en caisse au 1er janvier 1874, bien qu'inférieur de la somme de 800 fr. environ à celui de 1873, est encore assez satisfaisant.

Les recettes brutes en subventions, médailles, prix offerts, arrérages de rentes et annuités, jointes au reliquat de 1872, s'élèvent à la somme de 14,683 fr. 05 c.... 14,683 f. 05 c.

. Les dépenses justifiées, mandatées, frais d'impressions, d'affiches, ports, affranchissements, et les sommes versées à l'occasion du concours d'animaux gras s'élèvent à 9,005 fr. 35 c., ci...................... 9,005 35

RESTE en caisse au 1er janvier 1874. 5,677 70

Dans le chiffre des recettes, nous voyons figurer avec satisfaction la somme de 530 fr. pour prix d'annuités arriérées; mais, d'un autre côté, nous remarquons que 241 annuités n'ont pu encore être recouvrées, bien que les quittances aient déjà été présentées plusieurs fois à MM. les retardataires.

Votre commission pense, Messieurs, qu'il serait utile de prendre une mesure pour arriver au recouvrement de cette somme de 2,410 fr., qui serait bienvenue dans l'actif de la Société, d'autant mieux que les retardataires reçoivent chaque trimestre les *Annales* qui leur sont adressées.

Les dépenses ont été aussi l'objet de toute notre attention, et elles nous ont suggéré les observations que nous allons soumettre à votre appréciation :

1° L'article 1er des dépenses porte une somme de 84 fr. pour fourniture de paille à l'occasion du concours. Il nous a semblé qu'une réduction pourrait être obtenue par un marché de convention passé avec le fournisseur, en raison des résidus dont il pourrait profiter.

2° Nous voyons aussi figurer 210 fr. 90 c. pour livraison de treillages, 18 fr. pour drapeaux, 73 fr. pour cordages. La plupart de ces objets ne figureront plus annuellement dans les dépenses, attendu qu'ils ont été conservés pour une autre occasion et déposés au local des anciennes prisons.

3° La grosse affaire de la Société est toujours celle de l'imprimeur ; en effet, la facture, qui en 1872 était de 722 fr., s'est élevée en 1873 à 1,280 fr.

Votre commission s'est demandé si le tirage des *Annales* n'était pas un peu élevé, et si l'on ne pourrait pas réaliser une certaine économie dans cette branche de la dépense. En effet, nous voyons sur la note détaillée de l'imprimeur figurer 500 exemplaires des *Annales*, tandis que la somme des affranchissements, pour chaque trimestre, n'est que de 415 exemplaires ; ce serait donc 85 exemplaires qui viennent, quatre fois par année, charger soit comme papier, soit comme impression, l'actif de la Société.

Parmi les sommes payées, votre commission a remarqué celle de 157 fr. 50 c., versée à M. Georget comme supplément à un banquet offert par souscription ; il lui a semblé que les souscripteurs avaient seuls qualité pour acquitter l'excédant des sommes souscrites, tout en réservant la part de la Société en faveur des étrangers admis à cette fête.

Telles sont, Messieurs, les principales observations que votre commission croit devoir vous signaler dans ce rapport. Malgré tout, elle vous propose d'approuver les comptes très réguliers de M. le trésorier, et vous prie de vous associer aux regrets qu'elle éprouve de voir M. Detoc se désister de fonctions qu'il remplissait avec un zèle digne d'éloges depuis déjà de longues années.

En terminant ce rapport, votre commission éprouve le besoin d'exprimer le vœu que les membres qui devront la composer à l'avenir soient choisis parmi les sociétaires habitant la commune d'Angoulême, en raison des difficultés qu'elle éprouve chaque année pour se constituer.

Recettes.

Balance. Solde en caisse au 31 décembre 1872.	6,517 f.	55 c.
Subvention accordée par Son Exc. le ministre	2,700	»
Id. id. par le département . . .	1,000	»
Id. id. par la ville d'Angou-lême	300	»
Prix offerts par MM. les députés de la Charente	500	»
Une médaille d'or, offerte par M. de Thiac. . .	100	»
Id. id. par M. Ad. Sazerac de Forge.	100	»
Id. id. par M. Langsdorff.	100	»
Id. id. par M. le c^{te} de La Rochefoucauld .	100	»
Id. id. par la ville de Bar-bezieux	100	»
Id. id. par la ville de Co-gnac	100	»
Prix offerts aux panseurs par M. Laroche-Joubert.	182	50
Arrérages de la rente 3 0/0	93	»
Intérêt d'une somme de 4,000 fr. placés. . . .	200	»
Annuités recouvrées, année 1873.	2,060	»
Id. id. antérieures à 1873. . .	530	»
Total	14,683	05

Dépenses.

Payé à M. Chaumont, fourniture de paille. .	84 f.	» c.
A M. le directeur de la Monnaie	845	»
A M. Coupillaud, pour treillage	210	90
A reporter	1,139	90

Report.............. 1,139 f. 90 c.

Abonnement au journal *Le Courrier des Campagnes* .... 11 » »

Au piquet d'infanterie.................. 43 50

Pour honoraires de M. Chaumont........ . 30 »

Note de M. Georget, hôtel des Postes....... 157 50

A M. Ravarit, pour drapeaux............. 18 10

Abonnement au journal *La Vie des Champs*. 12 80

A M. Fougère, fourniture de cordes 73 35

Pour débours (manœuvres et commissionnaires du concours) 33 65

Pour déboursés faits par M. Chaumont 88 25

Note de M. Goumard, libraire 9 45

A M. Nadaud, imprimeur, facture 1,280 50

A M. le trésorier, frais divers............. 61 40

Frais de recouvrements............ .... 26 »

Affranchissements et app^{ts} de M. Verliac.... 673 15

A M. Valladon, concierge................. 74 30

A M. Debant, pour reliure .... 5 »

Sommes distribuées à l'occasion du concours d'animaux gras...................... 5,085 »

Prix offerts par M. Laroche-Joubert....... 182 50

Total............ 9,005 35

Balance. — Solde en caisse......... 5,677 70

Total égal aux recettes 14,683 05

Angoulême, le 9 mars 1874.

Vu et approuvé :

Le Président de la Commission,
Du Maroussem.

Le Secrétaire,
A. Rogée.

GESTION DE L'ANNÉE 1874.

Messieurs,

La commission des finances, nommée dans votre séance du 15 mars dernier, a examiné l'état des comptes de l'exercice 1874.

Le résultat de la vérification a été trouvé satisfaisant au double point de vue de la bonne administration et de la régularité des opérations.

Votre commission, Messieurs, ne croit devoir exprimer que deux observations qu'elle soumet à vos appréciations :

La première, au sujet d'une somme de 300 fr. payée, le 1er février 1874, au propriétaire du grand hôtel des Postes, pour trente couverts à 10 fr. Cette dépense devrait être couverte par les consommateurs ; tel est l'avis de la commission, qui exprime le vœu de voir, à l'avenir, les frais de cette nature ne pas charger le budget.

La seconde a une portée plus grave. Il s'agit des cotisations arriérées. La commission appelle toute l'attention de la Société sur cette question si importante pour ses ressources.

En effet, quatre cents arrérages ont été constatés, et tandis que les recettes sont affectées d'un manquant de 4,000 fr., les frais d'impressions et d'envoi des *Annales* et des avis de séances continuent à charger vos dépenses.

N'y aurait-il pas lieu d'aviser et de prendre des mesures pour recouvrer les cotisations en retard, soit en suspendant l'envoi des *Annales* aux retardataires, soit même en procédant à la radiation de ceux qui sont restés quatre ans sans payer ?

RELEVÉ DES OPÉRATIONS DE COMPTABILITÉ.

Recettes.

21 août.	Remis par M. Detoc :		
	Reliquat de 1873,		
	espèces....... 177 f. 70 c.		
	Bons du Comptoir. 5,500 »	5,677 f. 70 c.	
—	Arrérages de ren-		
	tes, 1er trimestre 23 25		
	Les trois autres tri-	93 »	
	mestres....... 69 75		
—	Subvention accordée par la ville..	300	»
—	Cotisations remises par M. Detoc.	80	»
30 août.	De M. Verliac (espèces).........	662	90
—	Comptes du concours d'animaux gras........................	6,703	»
—	De M. Dufresse de Chassaigne, pour une médaille...............	100	»
—	Cotisations de l'année..........	2,270	»
	TOTAL............	15,886	60

Dépenses.

Janvier.	Pour le concours, à M. de Thiac (par M. Detoc)...............	3,500 f.	» c.
—	Payé à M. Poitevin pour honoraire (par M. Detoc)...............	30	»
	A reporter...........	3,530	»

	Report...............	3,530 f.	» c.
Janvier.	Abonnement au *Courrier des Cam-*		
	pagnes.....................	11	10
—	Payé la note de M. Verliac......	224	25
—	Frais du concours par M. Verliac.	6,703	»
21 août.	Frais de bureau et timbres......	11	»
—	Payé à M. Auguste, pour frais d'en-		
	caissement	26	25
—	Affranchissements, enveloppes,		
	frais de recouvrements........	90	80
—	A M. Bœuf, affranchissements...	25	60
—	Id................	47	95
—	Id................	9	05
—	Id................	18	15
—	Id................	20	85
	TOTAL des dépenses.......	10,718	»
	En caisse au 31 décembre 1874....	5,168	60
	TOTAL ÉGAL aux recettes..	15,886	60

Angoulême, le 14 avril 1875.

Le Président,

DU MAROUSSEM.

EXTRAIT DES OBSERVATIONS

SUR LA

REPRODUCTION DU PHYLLOXERA DE LA VIGNE

PAR

M. BALBIANI

Professeur au Collége de France, délégué de l'Académie
des Sciences

——————→≥≡Ð◇◇○Ð≡≼←——————

... J'ai constaté d'une manière générale que les générations se renouvellent plus fréquemment sur les renflements charnus des radicelles que sur les grosses racines ligneuses, et que les jeunes Phylloxeras acquièrent en moins d'une semaine, sur les premiers, la grosseur qui indique leur aptitude à la reproduction.

Il est, au contraire, d'autres causes qui entravent d'une manière plus ou moins forte la multiplication du Phylloxera. Parmi ces causes, celle qui exerce l'effet le plus général et le plus souvent signalé est l'abaissement de la température. On sait en effet que, pendant l'hiver, les pontes et l'accroissement individuel cessent complétement chez ces insectes. Un état de sécheresse prolongée agit d'une manière identique. Sous la serre que M. P. Thenard eut

l'obligeance de me faire construire en plein champ de [vi-
gnes, pour mes observations, les Phylloxeras étaient tombés, dès la fin de l'été, dans un état très analogue à celui
qu'ils présentent pendant l'hibernation. Tous les individus,
gros et petits, avaient pris la teinte cuivrée des Phylloxeras
pendant l'hiver, et l'on ne voyait presque plus d'œufs sur
les racines ; enfin, dans le corps des femelles, le développement des œufs s'était complétement arrêté. Exposés à
l'humidité, les insectes reprirent au bout de quelques
jours leur coloration jaune normale, et les pontes ne tar-
dèrent pas à recommencer.

Vers le mois de juillet (1), on remarque qu'un certain
nombre de jeunes individus, d'abord tout semblables aux
autres, prennent, en grossissant, une forme plus allongée,
en même temps qu'ils s'atténuent à leur partie postérieure
par l'élongation des derniers articles de l'abdomen. Au lieu
de prendre la forme d'une petite tortue, suivant une comparaison qui a souvent été faite, pour passer à l'état de
mère pondeuse, ils affectent celle d'une poire ou d'une ra-
quette, dont la grosse extrémité correspond à la tête. Bientôt apparaissent sur les parties latérales du corps, vers le
milieu de sa longueur, des rudiments de fourreaux d'ailes,
sous la forme de deux petits appendices noirâtres, étroite-
ment appliqués contre le corps. En même temps, un étran-
glement du tronc se manifeste en arrière de ces appendices .et délimite les portions thoracique et abdominale,
jusque-là confondues. L'insecte a passé alors à l'état de
nymphe. Enfin, au bout d'un temps variable et à la suite
d'une dernière mue, la nymphe se transforme elle-même

----

(1) Il ne faut pas oublier que mes indications chronologiques ne se
rapportent qu'à la latitude de Montpellier.

en insecte ailé et parfait. Celui-ci apparaît à la surface du sol, et une nouvelle phase d'existence commence pour l'animal.

Si l'observation des mœurs du Phylloxera aptère présente des difficultés particulières, en raison de son existence cachée à l'intérieur du sol, celle du Pylloxera ailé est moins aisée encore, parce que, aussitôt apparu, il fuit au loin et se dérobe à l'observateur. Sans doute, il est facile de le saisir et de l'incarcérer dans des flacons ou autres récipients, et d'examiner comment il se comporte dans ces conditions ; mais l'observation de l'animal captif ne peut donner aucune idée de ses mœurs à l'état de liberté. Ses allures inquiètes témoignent de son impatience et de son malaise, sa vie est abrégée, et le plus souvent il meurt sans s'être débarrassé de ses œufs. C'est qu'en effet on supprime, par la captivité, toute une phase importante de la vie de l'insecte, celle de la migration, qui est le but essentiel de son existence, et qu'un instinct irrésistible l'oblige à accomplir avant de se livrer aux actes normaux de la reproduction. Ainsi se comportent beaucoup d'autres insectes ; tels sont aussi, dans les classes supérieures, un grand nombre d'oiseaux et de poissons.

D'autre part, des difficultés considérables s'opposent à l'observation de l'insecte en liberté ; on le perd bientôt de vue dans son trajet aérien, on ne sait vers quels lieux il se dirige, et, seul, un heureux hasard peut remettre sur sa trace.

Ces difficultés ont arrêté jusqu'ici tous les observateurs. Je me hâte de le dire, je n'ai pas été beaucoup plus heureux qu'eux. Si mes recherches ont réussi à soulever le voile qui cachait jusqu'ici la progéniture du Phylloxera ailé (*Comptes-rendus*, 31 août 1874), elles n'ont pas dissipé les obscurités qui enveloppent les faits les plus importants de son histoire, au point de vue pratique, tels que la connaissance du lieu de sa ponte et des phénomènes consécutifs à cette ponte ; mais comme, dans les mœurs de ce redoutable parasite, aucun détail, si léger qu'il soit, n'est à dédaigner, parce qu'il peut mettre sur la voie de faits plus importants, je vais rapporter brièvement mes observations à cet égard.

Ce fut le 25 août, dans cette même vigne phylloxérée de Saint-Sauveur, près Montpellier, où je vis l'insecte aptère marchant à la suface du sol, que j'observai aussi, pour la première fois, l'individu ailé à l'état de liberté. Dans les visites que je fis presque journellement à cette vigne jusqu'au 1er septembre, j'aperçus chaque fois de nombreux sujets ailés sur la terre environnant les souches. A partir de cette dernière date, leur nombre diminua rapidement, et dès le 4 septembre ils avaient entièrement disparu. Le sol de cette vigne était une terre argileuse, blanche et compacte, sillonnée de nombreuses crevasses à la surface. Les insectes se tenaient presque tous dans le voisinage des souches, sous la partie la plus ombrée des sarments, comme pour se mettre à l'abri des radiations solaires directes. J'ai pu vérifier toutes les remarques de M. Faucon au sujet de leurs allures à la surface du sol, leur marche, les ailes relevées, auxquelles ils impriment de temps en temps un battement très vif, comme pour prendre leur vol, mais ne s'enlevant que rarement de terre, la facilité avec laquelle le moindre courant d'air les déplace, etc.

Dans une de mes visites, le 29 août, je trouvai la terre autour des ceps humide et ramollie, par suite d'une forte averse tombée la veille. Tous les Phylloxeras avaient disparu sur le sol ; mais, ayant eu l'idée de retourner les feuilles des sarments les plus rapprochés de terre, je les vis en grand nombre, blottis à leur face inférieure, et presque toujours appliqués contre une nervure. Le surlendemain, le terrain étant redevenu presque sec, de nombreux Phylloxeras se promenaient de nouveau sur le sol, et un petit nombre seulement étaient restés sur les feuilles.

C'est dans l'après-midi, aux heures les plus chaudes de la journée, que les Phylloxeras ailés apparaissent en plus grand nombre dans les vignobles. J'ai fait une remarque analogue dans mes éducations en vase clos. Par les jours pluvieux, et surtout froids, les transformations étaient rares, bien que les nymphes fussent toujours abondantes sur les racines ; au contraire, lorsque le temps était chaud et sec, elles se faisaient d'une manière si active, que c'est par véritables essaims que les individus ailés apparaissaient sur les parois de mes vases, où il se rassemblaient sur le côté exposé au jour. Même en octobre, j'observais encore de nombreuses métamorphoses pendant les chaudes journées de l'automne méridional.

Depuis que la présence des Phylloxeras ailés dans les vignobles malades a été constatée par divers observateurs, nul n'a encore mis en doute qu'ils proviennent de la transformation des individus aptères vivant dans le sol de ces mêmes vignobles. Cependant on pourrait admettre, dans quelques cas au moins, avec autant d'apparence de raison, que ce sont des insectes migrateurs venus de loin pour pondre dans les lieux où on les rencontre. Cette opinion pourrait être surtout défendue par quelques-unes des personnes, heureusement de plus en plus rares, qui considèrent encore la présence du Phylloxera sur les vignes comme l'effet et non comme la cause de la maladie, et qui pensent que le parasite s'attaque aux plants souffrants et affaiblis.

Or, ce qui prouve qu'il n'en est pas ainsi, c'est qu'on trouve toujours dans leur abdomen les œufs en même nombre que dans les premiers temps de leur transformation. Évidemment, s'ils étaient venus dans l'intention de pondre, on devrait trouver chez beaucoup d'entre eux l'abdomen vide des deux à quatre œufs qu'il renferme avant la ponte ; or, c'est ce que je n'ai jamais observé. Il en est de même de ceux que l'on rencontre pris dans des toiles d'araignée, à des distances souvent considérables de tout foyer de famille. Il faut donc conclure de ces faits que les femelles ailées observées sur le sol représentent des individus à leur point de départ et non à leur point d'arrivée.

Tout démontre que c'est sous la forme de nymphe, et non sous la forme aptère ou d'insecte ailé, que le Phylloxera abandonne les racines pour sortir du sol et se métamorphoser à sa surface. Personne encore n'a vu l'individu ailé sur des racines venant d'être enlevées aux vignobles ou dans de la terre ne contenant pas de racines. Dans les vases de verre où je conservais des racines phylloxérées sous une couche de terre plus ou moins profonde, je voyais les nymphes venir à la surface ou remonter même plus ou moins haut sur la paroi du verre pour s'y transformer. Je rappellerai enfin que M. Cornu a vu une nymphe vivante et agile, à la surface du sol, dans un vignoble de la Charente (1).

On s'est demandé, enfin, si la sortie de la nymphe avait lieu par les fissures du sol ou bien en suivant les ramifications des racines et le pivot de la souche. Quelques personnes ont attaché à la solution de cette question une importance pratique, pensant que, si la nymphe suivait cette

______

(1) *Comptes-rendus* du 22 septembre 1873.

dernière voie, on pourrait peut-être s'opposer à sa sortie au moyen de substances engluantes dont on badigeonnerait la souche ; mais différentes raisons me portent à croire que c'est par les fissures du terrain qu'elle apparaît au dehors et non par le collet de la souche. L'expérience dans laquelle on réussit, presque à coup sûr, à infester un cep de vigne sain, au moyen de racines phylloxérées, enterrées au pied de la souche, démontre que les insectes aptères sont parfaitement capables de cheminer au travers du sol sans avoir besoin de se guider sur les racines. A plus forte raison doit-on accorder la même faculté à la nymphe qui, non-seulement est plus agile que l'individu aptère, mais représente un état de développement supérieur à ce dernier. On sait, d'ailleurs, que cette aptitude existe chez une foule d'autres insectes, qui passent une grande partie de leur vie sous terre, à l'état de larve et de nymphe, et ne viennent à la lumière que pour prendre l'état parfait. Ajoutons que, si le Phylloxera était obligé de suivre les racines pour sortir par le collet de la souche, on devrait trouver une grande quantité de nymphes sur les grosses racines, principalement à l'époque où les transformations en individus ailés sont les plus abondantes, c'est-à-dire immédiatement avant la destruction des renflements des radicelles. Or, tous les observateurs ont signalé, au contraire, la grande rareté, en tout temps, des nymphes sur les grosses racines. La nymphe est d'ailleurs parfaitement organisée pour se guider dans l'intérieur du sol et venir à la lumière ; car, à l'époque de la transformation, elle présente déjà, sous son tégument propre transparent, l'appareil visuel complet de l'insecte parfait. Je conclus donc de ces faits que les fissures du terrain sont, sinon la voie unique, du moins la voie principale par laquelle s'effectuera sa sortie, et que tous les moyens proposés pour s'opposer à cette sortie, en tant qu'ils sont appliqués directement à la souche elle-même, ne peuvent donner que des résultats illusoires.

L'insecte une fois hors du sol, que devient-il, où passe-t-il son existence, et surtout, comment sert-il de lien entre la colonie qu'il vient d'abandonner et celle qu'il va fonder au loin ?

La seule chose, en effet, dont il semble impossible de douter aujourd'hui, c'est du rôle que joue l'insecte ailé comme agent de transmission du mal à distance, et encore notre certitude à cet égard ne résulte pas de l'observation directe, mais est une simple conséquence tirée de l'impossibilité d'expliquer autrement ces points d'attaque nouveaux, qui se déclarent à des distances quelquefois considérables des anciens foyers du mal. Hors de cette notion, tout est conjecture ou obscurité complète dans l'histoire du Phylloxera ailé.

Il y a peu de mois, un grand pas semblait fait dans nos connaissances relatives aux mœurs de l'insecte, M. Lichtenstein, de Montpellier, disait s'être assuré, par des observations positives, que les individus ailés abandonnaient en août et septembre les vignobles pour aller pondre sur les chênes à kermès des garrigues du Midi, et que de là leur progéniture revenait ensuite aux vignes pour y fonder de nouvelles colonies. (*Comptes-rendus*, 7 septembre 1874.) J'ai démontré que cette explication reposait sur la confusion évidente de deux espèces parfaitement distinctes, et j'ai fait ressortir, en outre, l'invraisemblance de ces migrations alternatives de l'insecte, par des arguments tirés de la géographie botanique et de l'organisation même du Phylloxera. (*Comptes-rendus*, 14 septembre 1874.) Je dois dire pourtant que, bien qu'elle ait conduit M. Lichtenstein à une

opinion insoutenable, son observation est des plus intéressantes en elle-même, en ce qu'elle nous révèle une
des particularités les moins connues de la vie de ces insectes ; je veux parler de leur mode de migration et de la
façon dont ils s'y prennent pour pondre après être arrivés
à destination. Abandonnons donc pour un instant le Phylloxera de la vigne pour observer son congénère, le Phylloxera du chêne à kermès (1).

Au commencement de septembre dernier, explorant
les chênes à kermès aux environs de Montpellier, dans le
but de vérifier les assertions précédentes de M. Lichtenstein, je rencontrai, aux extrémités des branches de ces
arbrisseaux, des groupes nombreux de Phylloxeras ailés,
entourés de petits individus formant leur descendance
sexuée et d'œufs non encore éclos. Pas une larve, pas une
nymphe n'était visible au milieu de ces insectes, et l'aspect
des feuilles, sans tache ni piqûre aucune, n'indiquait pas
non plus qu'il y en eût eu à une époque antérieure. C'est
là le point capital de cette observation, car il me démontrait
que j'avais sous les yeux, non des insectes ayant vécu et
s'étant transformés sur ces végétaux, mais des émissaires
de colonies lointaines, venus pour disséminer leur espèce
sur des plantes jusque-là vierges. Il prouvait, en outre, que
ceux-ci n'avaient pas voyagé par individus isolés, sporadi-
quement, mais par troupes plus ou moins nombreuses,
semblables aux essaims des abeilles, et qui s'étaient groupées de même aux extrémités des rameaux. Cette habitude
est d'ailleurs parfaitement expliquée par ce que nous savons
aujourd'hui de la nature des individus formant la descen-

----

(1) C'est notre *Phylloxera Lichtensteinii,* du nom de l'entomologiste auquel on doit la découverte de cette espèce nouvelle.

dance du Phylloxera ailé. Ceux-ci sont, en effet, des insectes des deux sexes, qui ne se reproduisent que par un accouplement d'où naît le jeune Phylloxera destiné à commencer un nouveau cycle d'évolutions. (*Comptes-rendus*, t. LXXVII, p. 884, 1873, et t. LXXIX, p. 562, 1874.) Si, au lieu de se tenir réunies, les femelles ailées se dispersaient dans des directions diverses, immédiatement après être sorties du sol, et pondaient solitairement, il est évident que les individus mâles et femelles qui en naissent éprouveraient les plus grandes difficultés à se rapprocher, et que, par suite, beaucoup de femelles resteraient infécondes, d'autant plus qu'un grand nombre de mères ailées ne mettent au monde que des individus mâles ou femelles exclusivement.

Certains faits observés soit dans la nature, soit dans les éducations dans des vases, démontrent que ces associations d'individus, dans un but de reproduction, existent aussi chez le Phylloxera de la vigne : tels sont les rassemblements de ces insectes autour des souches, dans des conditions déterminées de saison, de température et même d'heure du jour ; leur disparition subite et simultanée à d'autres moments. Dans l'intérieur de mes vases, j'ai constaté aussi des faits analogues, indiquant l'existence de l'espèce de *consensus* dont nous parlons.

Mais s'il paraît y avoir analogie de mœurs entre le Phylloxera de la vigne et le Phylloxera du chêne à kermès, dans la manière dont ils effectuent leurs migrations, ces insectes se ressemblent-ils aussi par leur mode de ponte ? En d'autres termes, l'espèce de la vigne dépose-t-elle ses œufs sur les sarments et les feuilles de ce végétal, comme nous l'avons vu faire à sa congénère sur les branches du chêne à kermès ?

A défaut d'observations directes sur la ponte du Phylloxera en pleine campagne, j'ai tâché d'élucider la question par quelques expériences de laboratoire. Les femelles ailées que je déposais en grand nombre sur les pampres ne tardaient pas à disparaître sans laisser sur ceux-ci un seul œuf. Lorsque, pour les retenir, je les enfermais dans une poche de fine mousseline, entourant l'extrémité d'un sarment, ils mouraient au bout de quelques jours sans pondre davantage. Ce n'est qu'en les plaçant par centaines dans des tubes ou des flacons, et en leur donnant pour s'alimenter quelques jeunes feuilles de vigne, que j'ai réussi à en obtenir un petit nombre d'œufs.

La plupart les enfouissaient dans l'épais duvet qui recouvre la surface des feuilles, et qui est particulièrement développé dans certains cépages, tandis que d'autres s'introduisaient pour pondre dans la cavité des petites feuilles encore repliées sur elles-mêmes. Ce n'est que très exceptionnellement que j'ai vu quelques femelles déposer un œuf ou deux sur la paroi du verre, le plus ordinairement lorsqu'elles y étaient retenues par un peu d'humidité et qu'elles ne parvenaient pas à se dégager ; la ponte paraissait alors déterminée par les efforts que faisait l'insecte pour se délivrer. Enfin, je ne les ai vues pondre ni sur les fragments de tige ou de racine, ni sur les corps de diverse nature, tels que les petites boules de papier ou de coton que j'introduisais dans leur prison de verre.

Si faibles que soient les présomptions que l'on peut tirer des faits précédents, relativement aux habitudes de l'insecte en liberté, ils semblent néanmoins impliquer chez lui, dans le choix du lieu destiné au dépôt des œufs, une sorte de préférence pour les parties duvéteuses de la plante, telles que les jeunes feuilles et les bourgeons en voie d'éclosion, ou bien encore pour les petites retraites cachées de la surface des sarments, d'autant plus que nous voyons les autres espèces de Phylloxeras témoigner d'instincts analogues. Toutefois, c'est une opinion que je n'exprime que sous toute réserve, et en attendant que l'observation apporte la preuve indiscutable.

D'après ce que j'ai dit plus haut de l'habitude très probable des femelles ailées d'exécuter leurs migrations sous forme d'essaimages, ou du moins de la nécessité de rester groupées ensemble, sous peine d'infécondité de leur descendance sexuée, il devient de moins en moins vraisemblable qu'elles puissent s'éloigner beaucoup, quelques lieues tout au plus, de leur point de départ, les chances de dispersion par les vents ou de destruction par les divers incidents de route augmentant naturellement avec la distance. Le besoin de s'alimenter pendant leur voyage, qui ne se fait pas d'une seule traite, mais par étapes successives, comme je l'ai constaté, aux environs de Montpellier, sur le *Phylloxera coccinea*, est aussi un motif qui doit les empêcher de franchir de grandes étendues de territoire non plantées de vignes. J'ai observé, en effet, que ces insectes meurent en vingt-quatre heures, lorsqu'on les tient sans nourriture, tandis qu'ils peuvent vivre trois ou quatre fois ce temps si on les pourvoit de quelques feuilles de vigne (1). Ces considérations théoriques sont d'ailleurs corroborées

---

(1) L'apparition du Phylloxera à Pregny, près de Genève, c'est-à-dire à trente ou quarante lieues de distance des pays envahis les plus rapprochés, semblait d'abord en contradiction avec ce qui est dit ci-dessus touchant la faible portée du vol du Phylloxera ailé ; mais, ainsi que viennent de le démontrer MM. Forel et Corna, il est hors de doute que c'est par une importation directe de vignes infestées que le mal s'est déclaré à Pregny, et non par une contagion opérée à grande distance par des individus ailés.

par l'observation, qui démontre que le mal ne progresse pas de plus de 20 à 25 kilomètres annuellement. (M. Dumas, *Comptes-rendus*, t. LXXIX, p. 635 ; 1874.)

Un obstacle plus préjudiciable encore aux études sur la reproduction du Phylloxera que l'arrêt presque total des pontes détermine chez les femelles ailées par la captivité, c'est la mort, prématurée et fréquente, de petits individus composant les générations sexuées, et qui proviennent de ces femelles ailées. Cette mort est le résultat de l'affaiblissement organique profond subi par l'espèce, à la suite des nombreuses reproductions antérieures dans lesquelles un seul sexe femelle est intervenu ; et c'est précisément chez la génération d'individus destinés à relever, par l'accouplement, cette énergie vitale épuisée que la dégénérescence spécifique atteint ses dernières limites. Organiquement, celle-ci se traduit par de nombreux arrêts de développement, frappant principalement les appareils de la digestion et de la reproduction. J'ai déjà signalé des faits analogues dans mes études sur le Phylloxera du chêne ; je les ai retrouvés, sous un caractère bien plus marqué encore, chez le Phylloxera de la vigne, car ils ont déterminé l'interruption brusque et inattendue de mes observations sur cette espèce. Il en est résulté que je n'ai vu ni l'accouplement, ni la ponte et le développement de l'œuf issu de cet accouplement (1), observations qui, en faisant passer sous mes yeux

---

(1) C'est l'œuf que j'ai désigné sous le nom d'*œuf d'hiver*, chez le Phylloxera du chêne, et d'où naît le jeune individu fondateur de la colonie nouvelle. Chaque femelle sexuée n'en produit qu'un seul ; de même que les œufs des mères aptères ou ailées, il est de forme ovalaire et non *conique*, comme une erreur d'impression me le fait dire dans ma Note insérée aux *Comptes-rendus* du 2 novembre dernier, page 991.

le cycle tout entier de l'évolution du Phylloxera, m'auraient permis d'atteindre, dès cette année, le but que je m'étais proposé en entreprenant cette série d'études sur le parasite de la vigne.

Enfin, pour compléter ce résumé de mes recherches sur le Phylloxera, faites pendant l'année actuelle, il me reste à mentionner la découverte de l'existence d'une génération sexuée ayant pour origine les individus aptères eux-mêmes restés dans le sol. Cette génération sexuée hypogée, qui apparaît en octobre, beaucoup plus tardivement, par conséquent, que celle qui provient des individus ailés, est destinée à renouveler la vitalité des colonies actuellement existantes, de même que le rôle de la génération sexuée aérienne est de fonder au loin de nouvelles sociétés de parasites. (*Comptes-rendus,* 2 novembre 1874.)

Ce dernier fait, comme tous ceux exposés antérieurement, démontre combien les phénomènes de l'évolution présentent de ressemblance chez le Phylloxera de la vigne et le Phylloxera du chêne. Soit pour le connaître *de visu,* soit parce que l'analogie permet de conclure à leur existence, on peut considérer toutes les formes que revêt successivement l'espèce comme parfaitement connues aujourd'hui, et je ne m'avance pas trop en disant que l'histoire du Phylloxera est *physiologiquement* faite dès à présent. Le *desideratum* ne porte plus que sur la partie de cette histoire qui a plus spécialement trait aux mœurs de l'insecte, dans leurs rapports avec la conservation de l'espèce. Pratiquement, c'est un problème qui n'a pas moins d'importance que l'autre, et dont la solution incombe surtout aux personnes qui ont des occasions journalières d'observer le Phylloxera. Ces observations ont leurs difficultés : les confusions d'espèces y sont surtout faciles à commettre et peuvent donner lieu à des erreurs contre lesquelles il faut se mettre en garde, pour ne pas introduire dans la science ou dans la pratique des idées fausses qui pourraient n'être pas toujours sans inconvénient.

LE CHANT DU SOLDAT

Le tambour bat, le clairon sonne ;
Qui reste en arrière ?... Personne !
C'est un peuple qui se défend.
        En avant !

Gronde canon, crache mitraille !
Fiers bûcherons de la bataille,
Ouvrez-nous un chemin sanglant.
        En avant !

Le chemin est fait : qu'on y passe !
Qu'on les écrase, qu'on les chasse !
Qu'on soit libre au soleil levant !
        En avant !

Allons ! les gars au cœur robuste,
Avançons vite et visons juste,
La France est là qui nous attend.
        En avant !

11

Leur nombre est grand dans cette plaine.
Est-il plus grand que notre haine ?
Nous le saurons en arrivant.
          En avant !

Leurs canons nous fauchent? Qu'importe !
Si leur artillerie est forte,
Nous le saurons en l'enlevant.
          En avant !

Où courons-nous? Où l'on nous mène !
Et si la victoire est prochaine,
Nous le saurons en la trouvant.
          En avant !

En avant! tant pis pour qui tombe !
La mort n'est rien, vive la tombe !
Quand le Pays en sort vivant.
          En avant !

PAUL DEROULÈDE.

A MA MÈRE

Eh bien! oui, si puissant que soit le ridicule,
Si mauvais air qu'on ait à bien parler de soi,
C'est assez qu'on hésite, et trop que l'on recule,
Lorsque l'orgueil est juste et que le cœur est droit.
Oui! cette femme, au cœur français, à l'âme fière,
Qui mena vaillamment ses deux fils au combat,
Oui! cette femme-là, cette femme est ma mère,
Et c'est mon frère et moi qu'elle a créés soldats.

Quels sarcasmes d'ailleurs effraieraient ma franchise ?
Ceux-là seuls me liront pour lesquels seuls j'écris ;
Et mes vers ne vont pas, comme un jouet qu'on brise,
Des mains des esprits forts aux mains des beaux esprits.

Non, non! tous ces récits pleins de deuils et de larmes,
Moins écrits que pensés, moins pensés que vécus,
Et c'est devant ceux-là, mère, que je t'honore,
Devant eux qu'à genoux je tends vers toi les bras,
Et que, d'un accent fier comme un clairon sonore,
Je viens jeter ton nom, ma mère, à mes soldats.
Je viens leur révéler ton cœur et ton courage.
Ils disent que tes fils ont fait tout leur devoir :

Le devoir qu'ils ont fait, mère, c'est ton ouvrage ;
L'honneur qu'ils en ont eu, c'est toi qui dois l'avoir.
Ils ne sont pas partis furtifs pour les batailles,
S'arrachant sans adieux à des bras révoltés,
Ils ne t'ont pas volé le sang de tes entrailles,
C'est toi, mère, c'est toi, qui leur as dit : « Partez !
« Partez, ils sont vaincus, les soldats de la France !
« Mon cœur pour conquérir ne vous eût pas prêtés ;
« Ce n'est plus la conquête, enfants, c'est la défense.
« Le sol est envahi, je vous donne, partez ! »

Hélas ! si tous les fils étaient partis de même ;
S'ils étaient tous partis les fils, même autrement !
Mais à combien, sans voir l'horreur de leur blasphème,
Les mères ont soufflé : Ne te bats pas, crois-m'en !
Et combien les croyaient qui n'étaient pas crédules !
Ah ! pauvre armée ! on va t'insultant à l'envi,
On dit que tu trahis lorsque tu capitules :
Comment dis-tu qu'ont fait ceux qui n'ont pas servi ?

Certe, il en est venu que leurs mères en larmes
Avaient éperdument bercés dans leurs frayeurs ;
S'ils furent bons Français malgré ces cris d'alarmes,
Ah ! comme un cri d'espoir les eût rendus meilleurs !
Quel souffle ardent aurait transfiguré leur être !
— Quand les cœurs sont vaillants, les corps sont aguerris. —
Comme ils auraient marché, lutté, vaincu peut-être !...
Ah ! que de vrais soldats les mères nous ont pris !

Et qu'elles ne croient pas que, vraiment maternelles,
Leur faiblesse du moins s'est payée en amour :
Les larmes du départ n'ont pas coulé pour elles,
Elles n'ont pas connu les larmes du retour.

Qu'elles ne disent pas, qu'elles n'osent pas dire,
O ma mère, insultant ta tendresse et ta foi,
Qu'en nous faisant soldats tu n'étais pas martyre,
Que tu nous a donnés sans rien donner de toi.
Hélas! c'est à te voir tant souffrir, pauvre femme,
Que j'entrevois quel deuil cachaient tous tes efforts;
Tes deux enfants partis t'avaient emporté l'âme,
Tes deux enfants blessés auront brisé ton corps.

Et voilà que vieillie et qu'infirme avant l'heure,
Ta main tremble à jamais, qui n'a jamais tremblé;
Voilà qu'encor plus haute et que toujours meilleure,
L'âme seule est debout dans ton être accablé...
Tu sentais tout cela pourtant à l'heure sainte
Où tes yeux dans nos yeux mettaient ta volonté,
Tu le sentais sans peur, tu t'en ressens sans plaintes :
Et c'est pourquoi j'en puis parler avec fierté.

PAUL DEROULÈDE.

MERCURIALE. — AVRIL 1875.

Etat du prix moyen des Grains, autres Denrées et Comestibles, dans les principaux Marchés du département de la Charente, pendant la deuxième quinzaine du mois d'Avril.

NOMS des COMMUNES.	PRIX DE L'HECTOLITRE de							PRIX du k. de		PRIX du kilogramme de					PRIX DU QUINTAL métrique de	
	Froment.	Méteil.	Seigle.	Orge.	Maïs.	Avoine.	Haricots.	Pain blanc.	Pain bis.	Bœuf.	Vache.	Veau.	Mouton.	Cochon.	Foin.	Paille.
	f. c.	fr. c.	f. c.	f. c.	f. c.	f. c.	f. c.	c.	c.	f. c.	f. c.	f. c.	f. c.	f. c.	f. c.	f. c.
Angoulême	18 65	15 59	13 81	12 62	12 74	12 95	33 26	35	28	1 50	1 20	1 80	1 80	1 40	10 0	6 0
La Rochefoucauld	0 0	0 0	0 0	0 0	0 0	0 0	0 0	34	28	1 60	1 50	1 50	1 70	1 40	9 03	5 30
Rouillac	19 50	0 0	0 0	0 0	13 0	12 0	35 64	36	30	1 80	1 40	2 0	1 80	1 50	0 0	0 0
Aubeterre	0 0	0 0	0 0	0 0	0 0	0 0	0 0	40	30	1 40	1 40	1 40	1 40	1 40	0 0	4 0
Baignes	20 0	0 0	0 0	0 0	10 0	10 0	0 0	35	30	1 80	0 0	1 60	1 80	1 40	8 0	4 0
Barbezieux	0 0	0 0	0 0	0 0	0 0	0 0	0 0	35	30	1 60	0 0	1 60	1 60	1 50	8 0	4 0
Chalais	20 0	0 0	0 0	0 0	11 0	12 0	0 0	40	30	1 80	0 0	1 80	1 80	1 50	0 0	4 0
Châteauneuf	20 0	0 0	0 0	0 0	12 0	12 0	0 0	37	28	2 0	0 0	2 0	2 0	1 30	10 0	6 0
Cognac	20 0	0 0	0 0	0 0	12 0	12 0	0 0	35	29	2 0	0 0	2 0	2 0	1 30	10 0	6 0
Jarnac	0 0	0 0	0 0	0 0	0 0	0 0	0 0	35	29	2 0	0 0	2 0	2 0	1 30	10 0	6 0
Chabanais	18 50	14 50	12 50	0 0	0 0	12 0	0 0	40	30	1 80	1 50	1 60	1 60	1 40	8 0	4 0
Confolens	0 0	0 0	0 0	0 0	0 0	0 0	0 0	35	30	1 60	1 60	1 60	1 60	1 60	0 0	0 0
Saint-Claud	18 0	0 0	12 0	12 0	13 0	11 0	24 0	36	30	1 60	1 50	1 60	1 60	1 35	0 0	0 0
Aigre	17 12	10 40	0 0	11 35	10 98	11 66	0 0	33	26	1 60	1 60	1 60	1 60	1 40	10 0	5 0
Mansle	18 0	0 0	0 0	10 80	14 75	11 0	0 0	32	26	1 60	1 60	1 60	1 60	1 40	9 60	5 60
Ruffec	18 50	0 0	0 0	11 50	15 0	11 50	0 0	32	26	1 60	1 60	1 90	1 80	1 50	0 0	0 0

MERCURIALE. — MAI 1875.

État du prix moyen des Grains, autres Denrées et Comestibles, dans les principaux Marchés du département de la Charente, pendant la deuxième quinzaine du mois de Mai.

Values are given as *f. c.* (francs, centimes). The grain columns fall under **PRIX DE L'HECTOLITRE de**, Pain blanc / Pain bis under **PRIX du k. de**, Bœuf to Cochon under **PRIX du kilogramme de**, and Foin / Paille under **PRIX du quintal métrique de**.

NOMS des COMMUNES	Froment	Méteil	Seigle	Orge	Maïs	Avoine	Haricots	Pain blanc	Pain bis	Bœuf	Vache	Veau	Mouton	Cochon	Foin	Paille
Angoulême	18 81	16 0	13 93	12 55	13 0	13 15	34 32	35	28	1 50	1 20	1 80	1 80	1 40	11 0	6 50
La Rochefoucauld	0 0	0 0	0 0	0 0	0 0	0 0	0 0	34	28	1 60	1 50	1 50	1 70	1 40	0 0	0 0
Rouillac	20 0	0 0	0 0	0 0	13 50	12 50	36 43	38	32	1 80	1 40	1 90	1 80	1 60	0 0	0 0
Aubeterre	0 0	0 0	0 0	0 0	0 0	0 0	0 0	40	30	1 40	1 40	1 40	1 40	1 40	10 0	4 0
Baignes	20 0	0 0	0 0	0 0	10 0	10 0	0 0	35	30	1 80	0 0	1 60	1 80	1 40	8 0	4 0
Barbezieux	0 0	0 0	0 0	0 0	0 0	0 0	0 0	35	30	1 60	0 0	1 60	1 60	1 50	8 0	4 0
Chalais	20 0	0 0	0 0	0 0	11 0	12 0	0 0	40	30	1 40	0 0	1 80	1 80	1 50	0 0	0 0
Châteauneuf	19 0	0 0	0 0	0 0	0 0	0 0	0 0	37	28	2 0	0 0	2 0	2 0	1 50	11 0	6 0
Cognac	19 0	0 0	0 0	0 0	0 0	12 0	0 0	35	29	2 0	0 0	2 0	2 0	1 50	11 0	6 0
Jarnac	0 0	0 0	0 0	0 0	0 0	0 0	0 0	35	29	2 0	0 0	2 0	2 0	1 50	11 0	6 0
Chabanais	19 0	15 0	13 0	0 0	0 0	12 0	0 0	40	30	1 80	1 50	1 60	1 60	1 40	10 0	4 20
Confolens	0 0	0 0	0 0	0 0	0 0	0 0	0 0	36	30	1 60	1 60	1 60	1 60	1 60	0 0	0 0
Saint-Claud	18 0	0 0	13 0	12 0	13 50	11 0	24 0	35	30	1 60	1 50	1 60	1 60	1 30	0 0	0 0
Aigre	17 12	11 44	0 0	12 64	10 98	11 66	0 0	33	26	1 50	0 0	1 50	1 80	1 40	10 0	5 0
Mansle	18 50	0 0	0 0	11 75	14 75	11 50	0 0	37	26	1 60	1 60	1 80	1 60	1 40	8 40	4 80
Ruffec	19 0	0 0	0 0	11 50	15 0	11 50	0 0	32	26	1 60	1 60	1 90	1 90	1 50	0 0	8 0

MERCURIALE. — JUIN 1875.

État du prix moyen des Grains, autres Denrées et Comestibles, dans les principaux Marchés du département de la Charente, pendant la deuxième quinzaine du mois de Juin.

NOMS des COMMUNES.	PRIX DE L'HECTOLITRE de							PRIX du k. de		PRIX du kilogramme de					PRIX DU QUINTAL métrique de	
	Froment.	Métcil.	Seigle.	Orge.	Maïs.	Avoine.	Haricots.	Pain blanc.	Pain bis.	Bœuf.	Vache.	Veau.	Mouton.	Cochon.	Foin.	Paille.
	f. c.	fr. c.	f. c.	f. c.	f. c.	f. c.	f. c.	c.	c.	f. c.	f. c.	f. c.	f. c.	f. c.	f. c.	f. c.
Angoulême	17 91	14 37	13 90	13 0	13 0	13 20	34 85	35	28	1 50	1 20	1 80	1 80	1 50	11 0	6 50
La Rochefoucauld	0 0	0 0	0 0	0 0	0 0	0 0	0 0	34	28	1 60	1 50	1 60	1 60	1 40	0 0	0 0
Rouillac	19 0	0 0	0 0	0 0	13 50	12 0	36 43	38	32	1 80	1 40	1 90	1 70	1 60	0 0	0 0
Aubeterre	0 0	0 0	0 0	0 0	0 0	0 0	0 0	40	30	1 40	1 40	1 40	1 60	1 40	9 0	4 0
Baignes	20 0	0 0	0 0	0 0	10 0	10 0	0 0	35	30	1 80	0 0	1 60	1 80	1 40	8 0	4 0
Barbezieux	0 0	0 0	0 0	0 0	0 0	0 0	0 0	35	30	1 60	0 0	1 60	1 60	1 40	7 0	4 0
Chalais	20 0	0 0	0 0	0 0	11 0	12 0	0 0	40	30	1 40	0 0	1 40	1 80	1 50	0 0	0 0
Châteauneuf	19 0	0 0	0 0	0 0	0 0	0 0	0 0	37	28	2 10	0 0	2 10	2 10	1 50	10 0	6 0
Cognac	19 0	0 0	0 0	0 0	0 0	12 0	0 0	35	29	2 10	0 0	2 10	2 10	1 50	10 0	6 0
Jarnac	0 0	0 0	0 0	0 0	0 0	0 0	0 0	35	29	2 10	0 0	2 10	2 10	1 50	10 0	6 0
Chabanais	17 50	14 0	12 0	0 0	0 0	11 0	0 0	35	28	0 0	1 60	1 60	1 60	1 40	10 0	4 40
Confolens	0 0	0 0	0 0	0 0	0 0	0 0	0 0	35	30	1 60	1 60	1 60	1 60	1 60	0 0	0 0
Saint-Claud	17 50	0 0	12 0	12 0	13 0	10 0	0 0	36	30	1 60	1 50	1 50	1 50	1 20	0 0	0 0
Aigre	16 19	10 92	0 0	12 38	10 98	11 40	0 0	33	26	1 50	0 0	1 50	1 60	1 40	8 0	5 0
Mansle	17 30	0 0	0 0	11 50	11 50	10 25	0 0	32	26	1 60	1 60	1 80	1 60	1 40	0 0	4 60
Ruffec	17 50	0 0	0 0	11 0	13 0	10 0	0 0	31	25	1 60	1 60	1 90	1 80	1 50	0 0	0 0

EXTRAIT

DES

PROCÈS-VERBAUX DES SÉANCES

DE LA SOCIÉTÉ D'AGRICULTURE

SCIENCES, ARTS ET COMMERCE DU DÉPARTEMENT
DE LA CHARENTE

SÉANCE DU 15 JUILLET 1875.

PRÉSIDENCE DE M. EUG. DE THIAC,
PRÉSIDENT.

L'assemblée était nombreuse, et après la lecture du procès-verbal, il a été procédé aux votes sur les vingt-sept présentations de la séance du 15 juin dernier, en tête desquelles était M. le docteur Bouillaud, de l'Institut. Tous les votes ont été favorables.

PRÉSENTATIONS.

De nouvelles présentations ont eu lieu, sur lesquelles il sera statué dans la prochaine séance :

1° M. Henri Sazerac de Forge, préfet de la Nièvre.

12

M. Henri Sazerac de Forge, frère de notre éminent collègue M. Paul Sazerac de Forge, ancien maire d'Angoulême et conseiller général, et beau-frère de M. Levert, ingénieur en chef des ponts et chaussées et notre vice-président, est présenté sous leurs auspices.

M. Henri Sazerac de Forge administre depuis plusieurs années comme préfet, et avec une grande distinction, le département de la Nièvre.

Ce département, par ses initiatives, par les subventions larges et intelligentes du conseil général et par ses sacrifices individuels, occupe aujourd'hui la première place dans les agissements de la vie agricole. C'est lui qui a créé cette belle race charolaise, démontrant ainsi que la France avait sous la main et chez elle des animaux dont quelques soins prouvaient la puissance, et qu'elle pouvait, sinon cesser, du moins affaiblir l'importation des bêtes étrangères amenées avec tant d'engouement et de frais.

Ce département a fait pour les bêtes à cornes ce que certains éleveurs français ont fait pour le cheval.

Je suis heureux de lui en adresser un public hommage.

M. Henri Sazerac de Forge assiste à ce grand mouvement. Il l'encourage par ses efforts, ses aptitudes et son patriotisme. Aussi ce témoignage d'intérêt qu'il donne à la Société de son pays natal y sera fort apprécié et doit nous exciter à avoir pour objectif les succès de la Société d'agriculture de la Nièvre.

2° M. le docteur J.-B. Hillairet.

M. le docteur Hillairet appartient à une ancienne et très honorable famille de la Charente, et nous avons trop souvenance de la croix d'honneur donnée à son père, il y a quelques années, à la demande de tous les administrateurs de l'hôpital d'Angoulême, pour les bons et dévoués services rendus comme pharmacien en chef à l'hôpital pendant plus d'un demi-siècle.

M. le docteur Hillairet fut nommé médecin de la Faculté de Paris en 1841, après une remarquable thèse sur la *tenotomie sous-cutanée*.

Je ne connais pas d'existence plus utilement remplie que la sienne.

Il est d'abord à l'hôpital de la Charité chef de clinique de M. le professeur Bouillaud, notre éminent compatriote.

Il est lauréat de la Faculté et de l'Institut. Il se dévoue pendant le choléra de 1864 et 1866, et une médaille d'or lui est décernée ; il est nommé médecin des Incurables, puis du Val-de-Grâce, et enfin de ce grand et bel hôpital de Saint-Louis, où il exerce depuis longues années et où il a conquis la croix de la Légion d'honneur.

M. le docteur Hillairet fait aussi partie des commissions d'hygiène et de salubrité, et il a pu, avec une grande autorité, faire d'utiles et salutaires propositions, notamment celle d'un nouveau système de constructions pour casernements et hôpitaux militaires, dans une publication dont je dépose un exemplaire sur le bureau.

La Société accueillera avec empressement, sous les auspices de M. Gabriel Hillairet, son frère, et de M. le docteur Dufresse de Chassaigne, la présentation de cet habile et érudit médecin.

Elle vient de recevoir aujourd'hui, et à notre grand honneur, l'illustre professeur Bouillaud. Elle recevra dans M. le docteur Hillairet l'un de ses plus brillants élèves, confirmant ainsi la nomination dont il vient d'être l'objet, cette semaine même, de membre de l'Académie de médecine de Paris.

3° M. Gayon, docteur ès sciences.

M. Gayon, propriétaire à Bouex, canton d'Angoulême, a été professeur au lycée de cette ville ; il est sorti l'un des premiers de l'École normale. Il est docteur ès sciences et chef du laboratoire de M. Pasteur, de l'Institut.

M. Gayon est un jeune homme plein d'avenir et que l'Académie des sciences appellera un jour dans son sein.

C'est grand plaisir d'avoir à vous le présenter.

4° M. le baron de Soubeyran.

M. le baron de Soubeyran, député de la Vienne, est, à Paris, directeur général du Crédit agricole ; il a su nos efforts pour développer les intérêts généraux de l'agriculture et il a bien voulu devenir l'un des membres de notre Société.

M. le baron de Soubeyran est l'un des hommes distingués de l'Assemblée nationale, où sa connaissance des affaires et ses aptitudes financières lui donnent une grande autorité.

Je suis assuré d'être votre interprète en remerciant M. le baron de Soubeyran de ce bon procédé de voisinage et de ce témoignage de sympathie, qui nous est fort précieux.

Il est présenté par M. Jouannet et M. le Président.

5° M. le marquis de Girardin.

La Charente, et particulièrement l'arrondissement de Ruffec, a conservé le souvenir du comte Ernest-Stanislas de Girardin, qui fut pendant de longues années élu dans nos contrées membre de la Chambre des députés, et où il défendit avec constance et ardeur les doctrines constitutionnelles.

C'est sous l'empire de sa mémoire honorée que M. le marquis de Girardin, son fils, résidant à Paris, demande à faire partie de la Société de notre département, dont M. le comte Ernest, son père, avait été lui-même l'un des membres.

M. de Girardin fils porte dignement un nom historique, et après les grands services rendus au pays par sa famille, on est heureux de songer à ces beaux jardins d'Erménonville créés par M. le marquis de Girardin, son aïeul, et dont la célébrité s'est accrue par l'hospitalité que M. le marquis de Girardin donna à J.-J. Rousseau, et la tombe qu'il lui fit élever dans l'île des Peupliers, après la mort de ce philosophe, arrivée en 1778.

6°, 7° MM. Debect frères.

C'est par le même sentiment si touchant et en mémoire de M. Debect, leur père, l'un de nos plus anciens collaborateurs et dont la Société déplore la mort récente, que ses deux fils, M. Debect, maire de Villars, et M. Debect, juge près le tribunal civil de Poitiers, demandent à faire partie de notre Société, où ils trouveront le meilleur accueil, sous les auspices de M. le Président et de M. Clément Prieur, secrétaire général.

8° M. Clément Bujeaud.

M. Victor Bujeaud, notre collègue, dont vous savez le goût pour les fleurs et le jardinage, vous présente, ainsi que M. Mamoz, M. Clément Bujeaud, leur cousin et ami, ancien directeur du Comptoir d'escompte d'Angoulême, où il a laissé les plus honorables souvenirs.

M. Bujeaud vient à nous avec des aptitudes qui sont en toutes choses fort appréciées.

9° M. B. Lancelin, ingénieur des ponts et chaussées, ingénieur en chef adjoint au directeur de la compagnie du chemin de fer du Midi.

M. Lancelin est originaire d'Angoulême, et, comme il me l'écrit, il est attaché à sa ville natale par ses affections de famille et les plus chers souvenirs d'enfance.

M. Lancelin, par son propre mérite, s'est élevé, jeune

encore, à l'une des grandes situations industrielles de France.

M. Levert, vice-président, et M. Bouniceau, tous deux ingénieurs en chef des ponts et chaussées, sont heureux d'avoir à présenter à vos suffrages un collègue distingué, sorti comme eux de l'École polytechnique.

10° M. Daras fils.

M. Daras, ancien officier de marine, officier de la Légion d'honneur et l'un de nos honorables collègues, nous présente son fils aîné, élève de l'École nationale des beaux-arts, à Paris, où il étudie avec cette volonté qui rend maître des difficultés de la peinture. De récents succès à l'École témoignent de ses progrès.

11° M. Lavigne, docteur en médecine à Dignac, présenté par M. le docteur Dufresse de Chassaigne, son ami et son collègue, et M. le Président.

12° M. Bernard, propriétaire-agriculteur au village de Grelet, près Angoulême, présenté par M. Bouniceau et M. le Président.

13° M. Eug. Rivaud, juge au tribunal de commerce d'Angoulême ;

14° Et M. Massonnaud, son gendre, négociant, rue de Genève.

Ces deux honorables personnes sont présentées par M. Mathieu-Bodet, député de la Charente, et M. Mathieu-Bodet, son frère, maire de Saint-Saturnin.

15° M. Charles Roux, propriétaire-cultivateur au Cluzeau, près Saint-Front, présenté par MM. Bouillon et Michaud.

16° M. Frédéric Pissot ;

17° M. Théophile Fougeroux, au Mas de Fouquebrune.

Présentés tous deux par MM. Dufresse de Chassaigne et Clément Prieur.

18° M. Henri Gaultier.

M. Gaultier est un jeune avocat qui vient de finir son droit.

M. Gaultier, son père, notaire à Hiersac et l'un de nos collègues, nous demande d'accueillir son fils ; il pense que c'est le complément d'une bonne éducation que d'associer de bonne heure un jeune homme aux œuvres utiles.

Il sera le bienvenu, car M. Gaultier, par sa jeunesse, répond à l'une des préoccupations de la Société.

19° M. Émile Machenaud.

Il est propriétaire-cultivateur à Hiersac. Il se présente sous les auspices de M. Gaultier père et de M. Dubois-Chemison.

20° M. Gaborit.

M. Gaborit est un jeune pharmacien qui a succédé, à Angoulême, à notre honorable trésorier, M. Rogée, et dont, à bien des reprises, nous avons apprécié la serviabilité.

M. Rogée et M. Condamy vous le présentent.

21° M. Bregeon.

M. Bregeon, propriétaire-cultivateur à Chassors, près Châteauneuf, est l'auteur d'un *Traité sur la destruction du Phylloxera,* et qu'il vous a adressé dans votre dernière séance.

Il se présente sous les auspices de MM. Gueslin, conseiller général, et Dupuis, de Châteauneuf.

22° M. Georges Fougère.

Vous avez élu dans votre dernière séance M. Daniel Fougère, l'un des élèves les plus distingués de l'École nationale de Grignon.

Il veut pour sa bienvenue nous présenter son jeune frère, M. Georges Fougère.

M. Georges Fougère, après avoir très honorablement fait

son année de volontariat, vient de rentrer comme commis dans la maison de son père, l'un des plus honorables industriels d'Angoulême.

M. Daniel Fougère rappelle dans sa lettre ce passage remarquable de l'*Économie rurale de l'Angleterre* où M. Léonce de Lavergne dit :

« Il en est du commerce et de l'industrie comme de la culture des plantes fourragères à l'égard de la production céréale ; il semble qu'il y a opposition ; il y a un tel enchaînement que l'un ne peut faire de progrès sérieux sans l'autre. »

Que M. Georges Fougère soit donc le bienvenu. Lorsqu'il sera à son tour chef de maison, il n'oubliera pas ce qu'il y a de profond et de juste dans cette pensée de M. de Lavergne, sous laquelle M. Daniel place le patronage de son frère Georges.

Je veux dire aussi à M. Georges Fougère qu'en venant à nous, il donne un bon exemple à toute la jeunesse commerciale et industrielle de la Charente. Il comprend qu'à côté des distractions naturelles à son âge, il faut laisser une place à l'étude des choses rurales, dont toutes les choses industrielles découlent.

Ce bon exemple vient fort à propos en un moment où le lycée d'Angoulême, si bien préparé par notre savant collègue M. Bourzac, et si bien continué par M. Dujol, obtient les plus grands succès au concours de tous les lycées et colléges de l'académie de Poitiers.

Voici les noms de tous ces jeunes lauréats : Emmanuel Lassuze, Émile Raballet, Alexandre Mandinaud, Gabriel Bouffard, Camille Audoin, Alain Bouffard, Frisé Cornut, Edmond Angelot, Jean Santeraud, John Anduze, Charles Hugand, Marc Ducongé, Alfred Seguinaud.

Nous les retrouverons un jour parmi nous.

M. DE GRANDMAISON.

En parlant de présentations, je ne puis oublier ceux que la mort nous enlève.

M. de Grandmaison, représentant au conseil général le canton de Champagne-Mouton, était notre collègue depuis plusieurs années.

Tous ceux qui ont eu des rapports avec lui ont pu apprécier son esprit élevé et sa passion pour le bien.

La Société perd en lui l'un de ses membres les plus honorés.

M. MAILFER.

M. le Président dépose sur le bureau deux ouvrages dont M. Mailfer, ancien vice-président de la Société, lui fait hommage.

L'un, en deux volumes, a trait à des recherches historiques *du Juste et de l'Autorité*, ou *Histoire de l'humanité*.

L'autre, *La Démocratie en Europe*.

M. Mailfer a écrit le premier de ces ouvrages à la façon des Bénédictins, en profond érudit.

L'autre ouvrage est inspiré de Tocqueville, et l'auteur cherche une solution aux questions sociales qui agitent en ce moment l'Europe.

L'un de nos collègues sera prié d'en faire l'analyse.

M. ALBÉRIC SECOND.

Dans une de nos dernières séances, nous avons dit que le charmant ouvrage de notre compatriote M. Albéric Second, *Les Demoiselles du Ronçay*, ne tarderait pas à être couronné par l'Institut.

Cet ouvrage vient de recevoir le prix Montyon, et la Société prendra part à ce beau et légitime succès.

LES INONDÉS.

M. LE PRÉSIDENT donne communication d'une lettre de S. Exc. M. le ministre de l'agriculture engageant les sociétés d'agriculture à souscrire.

M. le Président dit qu'au premier signal il s'est empressé de souscrire pour une somme de 100 fr. au nom de la Société, qu'il s'est mis en rapport avec M. le président de la Société d'agriculture de la Haute-Garonne, et que, d'après une lettre qu'il communique à l'assemblée, les 100 fr. ont été remis à une famille d'agriculteurs de sept personnes, ayant tout perdu, maison, récoltes, bestiaux, instruments de travail, et dans une profonde misère aujourd'hui.

Il n'y a, dit cette lettre, que l'embarras du choix.

M. le Président engage de nouveau l'Assemblée à apporter dans les diverses caisses affectées à ce sujet une souscription destinée à soulager de grandes infortunes, et il termine en rappelant quelques-uns des vers de M. de Bornier, dans le poème des *Deux Villes :*

PARIS.

Tout va bien, j'ai payé ma dette de souffrance ;
. . . .
Je suis Paris, je suis libre, je suis heureuse.
J'oublierai les malheurs des autres et les miens !

TOULOUSE.

Je te dis seulement : Paris, je suis Toulouse,
Et j'ai le deuil au front et la blessure aux flancs !
. . . .
Pas d'asile et d'espoir ! le fléau fait son œuvre.
. . . .
J'ai vu cela, j'ai vu les mères et les veuves,

J'ai vu les orphelins que le désastre a faits,
J'ai vu tous mes trésors engloutis par mes fleuves,
J'ai vu les dévouements et j'ai vu les bienfaits !

PARIS.

Prends mon or, et par lui que la douleur espère ;
Prends l'or de mes malheurs, à tes maux consacré ;
Prends l'or de mon travail, qui deviendra prospère ;
Prends l'or de mes plaisirs, il deviendra sacré.
. . . .
Car nous ne sommes pas deux villes, mais la France,
Et le temps d'égoïsme est un passé lointain !

EXPOSITION HORTICOLE.

La Société a décidé que les 4 et 5 septembre prochain une exposition de fleurs, de fruits et de légumes aurait lieu à Angoulême, au Jardin-Public, et MM. Clément Prieur, Victor Bujeaud et Mamoz ont été désignés comme commissaires.

Tous les jardiniers et amateurs du département sont invités à y concourir, et des médailles seront distribuées.

CONCOURS RÉGIONAL EN 1877.

Communication est donnée d'une lettre ministérielle annonçant qu'un concours régional aura lieu dans la Charente en 1877, et tous ceux qui désirent y prendre part doivent en donner avis à l'administration avant le 1er mars 1876.

SUR LA CUSCUTE.

M. LE PRÉSIDENT fait connaître que M. Duponchel, ingénieur en chef des ponts et chaussées de l'Hérault, a usé avec efficacité contre la cuscute d'un remède qui consisterait à faucher le fourrage ras de terre sur tout l'emplacement des taches de cuscute et à répandre à la volée sur le sol nettoyé au râteau du sulfure de calcium en poudre fine, cent grammes environ par mètre carré. On pourrait y ajouter 10 0 0 de sulfure de fer.

BOUILLEURS DE CRU.

La Société déclare s'associer à la pétition présentée à l'Assemblée par la députation pour l'abrogation de la loi du 2 août 1872 sur les bouilleurs de crû, et elle charge le Président d'en transmettre à qui de droit l'expression la plus énergique.

SUR LE PHYLLOXERA.

M. MOUILLEFER, professeur à l'école de Grignon, délégué de l'Académie des sciences, invité par M. le Président à nous faire connaître ses observations sur le Phylloxera et le mode d'emploi du remède, est entré dans de longues explications que notre procès-verbal relatera en détail.

Je me borne donc à rappeler ici que M. Mouillefer ne recommande, quant à présent, de praticable pour la Charente que le sulfocarbonate de potassium. Modifiant ses premières indications, il pense qu'un litre doit être employé pour douze ceps, toujours mêlé à l'eau ; que la quantité d'eau à employer varie d'après la situation du sol et sa profondeur.

Quant à la dépense, celle du sulfocarbonate de potassium est facile à apprécier: Le litre vaut aujourd'hui 1 fr. 10 c.; il descendra avant peu à 90 c.

Reste la question d'eau. Pour ceux qui l'ont sous la main, la dépense est minime; pour les autres, elle sera évidemment plus élevée. Cependant, si on opère d'octobre à avril et dans ces deux derniers mois, ce qui est plus avantageux, la pluie sera un auxiliaire précieux.

M. DE LA LAURENCIE préconise le procédé de M. Rohart, manufacturier-chimiste, qui a été appliqué avec succès dans le domaine de Morigaugé, près Chirac (Charente-Inférieure), dont l'application est bien moins dispendieuse que le procédé de M. Dumas.

M. DUFRESSE DE CHASSAIGNE dit que les publications de M. Rohart sont concluantes ; mais M. Rohart est un industriel, et avant de préconiser son procédé et d'induire nos viticulteurs en sacrifices, il est essentiel que l'efficacité de ce procédé soit bien démontrée.

Puis M. MOUILLEFER réfute les arguments de M. de La Laurencie, et M. LE PRÉSIDENT dit qu'il n'y a pas d'antagonisme possible et qu'il est bien que chacun apporte ici la somme de ces observations, dans le but d'arriver à un résultat satisfaisant.

M. JOURMIER, à l'appui du procédé Dumas, dit qu'il l'a appliqué et qu'il en est très satisfait.

M. LAJEUNIE, conseiller général, trouve assurément les moyens proposés dispendieux ; mais est-ce un motif pour renoncer *à priori* à l'emploi de ces moyens ? Évidemment non. Il est donc d'avis qu'il faut appliquer le remède partout où apparaît la maladie. Il voudrait aussi que l'on vulgarisât la connaissance des mœurs de l'insecte. Cela rendrait la lutte contre ses ravages plus facile et plus efficace.

M. MOUILLEFER dit les avoir déjà décrites, et, de son côté, M. LE PRÉSIDENT rappelle que dans la séance de la Société du 16 août 1869, insérée au *Charentais* le 19 du même mois, la double existence de l'insecte et ses mœurs ont été décrites dans une étude du Président lui-même.

Enfin, M. le Président termine la séance en rappelant

certains passages d'une lettre de M. le comte de Lavergne, du 29 juin dernier, où il est dit :

« Nous ne saurions oublier que le soufre, qui depuis plus de vingt ans sauve chaque année la viticulture de la ruine de l'oïdium, qui n'a pas cessé de la menacer, le soufre ne fut pas mieux accueilli d'abord seul qu'il ne l'est aujourd'hui dans le composé dont il fait partie. On le payait 80 fr. les 100 kil. On compliquait son application d'une mouillure préalable excessivement coûteuse, et l'on disait qu'il donnait aux ouvriers des ophthalmies et au vin un mauvais goût. Son efficacité n'était ni suffisante ni constante. Il ne préservait pas les raisins, il ne les préservait pas partout.

« Les premiers essais qui en furent tentés à Giscourt et à Lagrange, en 1852, donnèrent des résultats moins encourageants que ceux qu'on obtient du sulfocarbonate, en ce moment, à Ludon.

« Le soufre fut repoussé de la grande culture comme impraticable et comme insuffisant.

« Ce ne fut qu'après des études obstinées, qui eurent pour résultat d'en fixer les règles, d'en perfectionner l'outillage et d'en simplifier l'application, que nous parvînmes à faire accepter le soufrage dans toutes les contrées viticoles où il nous fût donné de l'enseigner.

« Il en sera de même du sulfocarbonate, du coaltarement, de l'ensablement et d'autres procédés encore dont l'action anti-phylloxérique déjà reconnue n'est pas encore suffisamment étudiée au point de vue de la pratique et d'une complète efficacité.

« C'est à nous de hâter par une entente commune la découverte des perfectionnements qui nous font défaut.

« Mettons-nous à l'œuvre, et surtout ne rions pas de la science et des savants ; ce serait une ingratitude et un blasphème, car ce sont eux, après Dieu, qui nous donnent savoir, pouvoir et avoir dans le monde des corps et celui des idées.

« Aidons-les plutôt à remplir leur mission en les honorant et en les aimant.

« Étudions avec eux, travaillons, prions et espérons ! »

Ces pensées si bien exprimées répondent aux sentiments de la Société. Aussi M. le Président, après avoir adressé à M. Dumas et à ses interprètes tous ses témoignages de gratitude, offre à la Société la médaille de M. Dumas, frappée depuis longtemps, et que la Société conservera respectueusement.

Le Président,

EUG. DE THIAC.

SÉANCE DU LUNDI 16 AOUT 1875.

PRÉSIDENCE DE M. LEVERT,
VICE-PRÉSIDENT.

M. Eugène de Thiac, retenu à Paris par d'impérieuses affaires, exprime par lettre tous ses regrets de ne pouvoir présider la séance de ce jour. Pendant son séjour à Paris, M. de Thiac, persuadé que l'agriculture n'est pas désintéressée dans la question des perfectionnements des études géographiques, a fait inscrire la Société parmi les membres du Congrès. M. de Thiac a tenu à l'y représenter ; il a assisté à toutes les séances, qui ont été fort intéressantes, et il en rendra compte ultérieurement à la Société.

Il est donné lecture du procès-verbal de la séance du 15 juillet dernier. Cette lecture est faite par M. le président Levert, en remplacement de M. Clément Prieur, empêché pour cause de deuil.

M. Maurice Girard, délégué de l'Académie pour la question du Phylloxera, prend place au bureau.

On procède à l'élection et admission des membres nouveaux présentés le mois dernier ; ce sont :

MM. Hillairet, docteur, rue Caumartin, 43, à Paris.

Goyon, docteur ès sciences, rue d'Ulm, 45, à Paris.

De Soubeyran (le baron), député de la Vienne, place Vendôme, 19, à Paris.

De Girardin (marquis), rue Abbatucci, 11, à Paris.

Lancelin, ingénieur en chef, directeur de la compagnie du chemin de fer du Midi, boulevard Haussmann, 54, à Paris.

Sazerac de Forge (Henri), préfet de la Vienne.

Debect, juge au tribunal civil de Poitiers.

Bujeaud (Clément), à Angoulême.

Daras fils aîné, à Angoulême.

Lavigne, docteur en médecine, à Dignac.

Bernard, propriétaire, à Grelet, près Angoulême.

Rivaud (Eugène), juge au tribunal de commerce, à Angoulême.

Massonnaud, négociant, rue de Genève, à Angoulême.

Roux (Charles), propriétaire, au Cluzeau, commune de Saint-Front.

MM. Pissot (Frédéric).

Fougeroux (Théophile), au Mas, commune de Fouquebrune.

Gaultier (Henri) fils, à Hiersac.

Machenaud (Émile), propriétaire, à Hiersac.

Gaborit, pharmacien, à Angoulême.

Bregeon, propriétaire, à Chassors.

Fougère (Georges), à Angoulême.

Présentations nouvelles de ce jour :

1° M. Georges Maillard, conseiller général de la Charente
pour le canton nord de Confolens, présenté par M. Ganivet,
député, et par M. le Président.

2° M. le vicomte Henri de La Laurencie, ancien officier de
marine, propriétaire, au château de Fleurac, près Nersac,
présenté par M. le Président et par M. le vice-président
Levert.

3° M. de Terrasson, propriétaire, au château d'Ardennes,
près Hiersac, présenté par M. le Président et par M. le
vice-président Levert.

4° M. Ganivet, fils de notre honorable collègue, député
de la Charente et notre ancien vice-président, présenté par
son père et par M. le Président.

5° M. Sazerac de Forge, fils de M. Adhémar Sazerac de
Forge, notre vice-président et vice-président du conseil
général, présenté par M. son père et par M. Paul Sazerac de
Forge, ancien maire d'Angoulême, conseiller général.

6° M. Pierre Lair, propriétaire-agriculteur, conseiller municipal, au logis de Mortier, commune d'Anville, canton
de Rouillac, présenté par M. David, maire d'Anville, et par
M. le Président.

7° M. Tijoux, notaire à Mausle, présenté par M. le Président et par M. Clément Prieur.

Il sera statué à la prochaine séance sur ces présentations.

Il est déposé sur le bureau trois volumes offerts par le ministre de l'agriculture ; ce sont des documents sur l'état de l'agriculture en Amérique ;

Et, de plus, un exemplaire des thèses présentées à la Faculté des sciences de Paris par M. Gayon, l'un de nos savants et récents collègues. L'une de ces thèses est relative aux altérations spontanées des œufs.

M. le Président rappelle à l'attention de l'auditoire :

1° Qu'une loi vient d'être rendue, le 30 juillet 1875, sur l'enseignement élémentaire pratique de l'agriculture ;

2° Qu'à partir du 1er décembre prochain, un nouveau service sera établi pour les caisses d'épargne : les percepteurs des contributions et les receveurs des postes pourront recevoir tous versements et en effectuer le remboursement.

Ce sont deux grands faits utiles à nos campagnes ;

3° Que le concours de fleurs, fruits et liqueurs se tiendra à Angoulême les 4 et 5 septembre prochain.

M. le Président annonce qu'à l'occasion des vacances, la Société ne reprendra ses séances que le 15 novembre prochain.

La parole est donnée à M. Maurice Girard. Ce savant fait l'histoire naturelle du Phylloxera. Ces démonstrations sont appuyées par des tableaux représentant l'insecte très grossi et à toutes les phases très compliquées de son existence. Chaque jour les observateurs découvrent des détails nouveaux sur les mœurs et les procédés de reproduction de ce terrible insecte.

M. Girard fait connaître les caractères des avaries causées par le Phylloxera. Les radicelles de la vigne, ordinai-

rement terminées en pointes, deviennent garnies de petits
renflements en forme de galle contenant une grande quantité de matière amidonnée. L'insecte, après avoir dévoré
ces renflements, remonte le long de la racine et peut ga-
gner, selon certains auteurs et à un moment donné, jusqu'au collet du cep. Cette circonstance, qui a besoin d'être
vérifiée, serait fort avantageuse, parce qu'alors il serait
possible, à cette époque, d'appliquer le remède directement sur le mal.

M. Girard dit que dans le monde beaucoup de personnes
ont témoigné de l'étonnement de ce que l'insecte agame
puisse donner plusieurs générations sans le concours d'un
mâle. Le professeur fait remarquer qu'en histoire naturelle
le fait n'est pas nouveau. Depuis longtemps on sait que les
cochenilles, les pucerons, les abeilles et plusieurs autres
insectes peuvent se reproduire de la même manière.

Parlant de l'application des moyens de guérison, quelques membres demandent des explications sur les quantités
utiles de sulfo-carbonate à employer. M. JOUMIER est prié
de renouveler les détails qu'il a déjà donnés sur les expériences qui lui sont personnelles et qu'il a faites avec beaucoup de peine et avec beaucoup de frais. Une première
application de quatre centilitres par mètre carré n'a pas
réussi. Le même insecticide répandu de cinq à six centilitres a parfaitement détruit le Phylloxera, sans porter tort à
la vigne.

M. Joumier assure que cette opération est très délicate et
très pénible ; elle doit être faite par le propriétaire même ou
sous sa surveillance. Il ne faut pas toujours se fier au zèle
des domestiques, qui peuvent très bien négliger quelques
ceps, en oublier d'autres. Ce serait autant de centres de
propagation. La quantité d'eau nécessaire à la diffusion du

sulfo-carbonate dans le sol est trop considérable pour devenir un moyen vraiment pratique. Aussi cet habile agriculteur, tout en conservant sa foi dans le remède proposé par
M. Dumas, se propose de ne reprendre le cours de ses travaux que vers l'époque des pluies d'automne, alors que la
terre, fortement imbibée naturellement, exigera beaucoup
moins de bœufs et charrettes pour compléter la quantité
d'eau nécessaire.

Outre la dose de cinq à six centilitres reconnue suffisante par M. Joumier et celle de soixante à quatre-vingts
centilitres conseillée par M. Mouillefert, il y a une large
marge capable d'embarrasser bien des agriculteurs.

Au cours de la séance, M. le Président donne communication de deux personnes annonçant chacune la découverte d'un procédé anti-phylloxérique infaillible. La première est une lettre de M. Bregeon, propriétaire à Chassors,
près Châteauneuf, par laquelle il s'engage d'entreprendre
la guérison de tout vignoble qu'on lui désignera.

Sa conviction est tellement profonde qu'il offre de déposer *dix mille francs* contre une somme égale, chez un notaire, en garantie des résultats obtenus.

Cette lettre a été remise à M. Maurice Girard.

La seconde communication est faite par Louis Gratraud,
cultivateur aux Champagnières, commune des Métairies,
près Jarnac. Cet inventeur demande qu'on lui désigne une
vigne malade, il se charge de la guérir en peu de temps. Il
demande qu'on lui procure une certaine quantité de guano,
qui fait partie du traitement.

MM. Maurice Girard et Gratraud opéreront cette semaine
dans une vigne de la commune de Puymoyen.

M. Ganivet, député, fait remarquer que dans le Midi,
notamment aux environs de Marseille, les propriétaires ont

peu d'enthousiasme pour le sulfo-carbonate ; ce moyen leur aurait donné souvent des résultats négatifs.

M. GIRARD répond que cela tient à la nature argileuse du terrain ; les liquides pénètrent très irrégulièrement dans les sols compactes.

M. GANIVET dit aussi que dans une conversation avec M. le ministre de l'agriculture, ce dernier lui a appris que la commission du Phylloxera a reçu communication de plus de cinq cents genres de traitements qui, essayés selon les recommandations de leurs auteurs, ont été déclarés nuls. Ces mêmes moyens sont journellement présentés par des individus nouveaux, qui passent leur temps à réinventer des remèdes connus et jugés depuis longtemps. Il serait utile de publier et faire connaître tous ces procédés illusoires, afin d'éviter des mécomptes certains à beaucoup d'individus pleins d'enthousiasme, mais très peu au courant de la question.

M. GIRARD fait remarquer que cette longue liste a été publiée dans plusieurs journaux ; on peut se la procurer facilement en s'adressant à M. Gaston Bazile, de Montpellier, président de la Société d'agriculture de l'Hérault.

La séance est levée à trois heures après-midi.

Le Secrétaire-Archiviste,

CONDAMY.

LOI

L'ENSEIGNEMENT ÉLÉMENTAIRE PRATIQUE

DE L'AGRICULTURE

L'Assemblée nationale a adopté la loi dont la teneur suit :

ARTICLE PREMIER. — L'enseignement élémentaire pratique de l'agriculture sera donné :

1° Dans les fermes-écoles créées en vertu de la loi du 3 octobre 1848, avec les modifications qui y sont apportées par la présente loi ;

2° Dans les établissements d'enseignement professionnel agricole, qui prendront le nom d'écoles pratiques d'agriculture.

ART. 2. — Il pourra être établi dans chaque département, ou pour plusieurs départements qui s'entendront à cet effet, une école pratique d'agriculture, instituée sur une exploitation gérée aux risques et périls de l'exploitant.

ART. 3. — Le choix du domaine sur lequel sera instituée l'école pratique d'agriculture sera fait par le ministre de l'agriculture et du commerce, après avoir pris l'avis du conseil général ou des conseils généraux intéressés.

Art. 4. — Les départements intéressés à la création d'écoles pratiques d'agriculture auront à s'imposer les sacrifices nécessaires à l'installation matérielle de ces établissements.

Art. 5. — La rétribution de tout le personnel dirigeant et enseignant des écoles pratiques d'agriculture et les frais accessoires de l'enseignement seront exclusivement à la charge de l'État.

L'État pourra, en outre, intervenir pour tout ou partie des frais d'appropriation des lieux et d'achat de matériels d'enseignement dans les départements dont les ressources sont insuffisantes.

Art. 6. — Le prix de pension affecté aux frais de nourriture et d'entretien des élèves sera fixé pour chaque école par le ministre de l'agriculture.

L'État, les départements et les communes pourront entretenir dans les écoles pratiques d'agriculture des élèves avec des bourses entières ou partielles.

Art. 7. — Le programme des études sera réglé par le ministre, pour chaque école, suivant la spécialité culturale de la contrée et après avis du comité de surveillance et de perfectionnement institué comme il sera dit ci-après. Il comportera le maniement des armes et des exercices de tir.

Ce programme pourra comprendre l'étude de la pisciculture.

Art. 8. — Il y aura pour chaque ferme-école et pour chaque école pratique d'agriculture un comité de surveillance et de perfectionnement.

Ce comité sera ainsi composé :

1° L'inspecteur général de l'agriculture attaché à la région ;

2° Un professeur de sciences attaché à un établissement d'instruction publique du département ou de la circonscription, nommé par le ministre de l'agriculture et du commerce ;

3° Trois membres du conseil général délégués par lui, chaque année ;

4° Deux membres nommés par le ministre et choisis parmi les notabilités agricoles du département.

Pour les écoles appartenant à plusieurs départements, le comité comprendra, en outre, un membre désigné par chaque conseil général et un membre choisi parmi les notabilités agricoles de chacun des départements intéressés.

Art. 9. — Le comité veillera sur la direction, la discipline et l'enseignement des fermes-écoles et des écoles pratiques d'agriculture.

Il donnera son avis sur le programme des études et les conditions d'admission ; les examens d'entrée et de sortie des élèves, la collation des brevets de capacité et les présentations pour les bourses et fractions de bourses auront lieu avec son concours et sous sa surveillance.

Le comité correspondra directement avec le ministre de l'agriculture et du commerce. Il adressera chaque année aux conseils généraux intéressés un rapport sur la situation de l'école.

Art. 10. — L'engagement de se vouer pendant dix ans à l'enseignement public, prévu par l'article 79 de la loi du 15 mars 1850, peut être réalisé par les instituteurs brevetés et les professeurs de l'Université dans les fermes-écoles et dans les écoles pratiques d'agriculture désignées à l'article 1er de la présente loi.

Pour l'exécution de cette disposition, le ministre de l'agriculture et du commerce se concertera avec celui de l'instruction publique.

Art. 11. — Le brevet de capacité délivré à la sortie de ces établissements donnera droit, sans autre épreuve, aux bénéfices du volontariat d'un an. Un officier de l'armée, mis par le ministre de la guerre à la disposition du ministre de l'agriculture, fera partie de la commission des examens de sortie.

Les élèves qui entreront dans les fermes-écoles après la promulgation de la présente loi ne recevront de pécule ou prime de sortie que s'ils ont obtenu le brevet de capacité.

Art. 12. — Sont et demeurent abrogées toutes les dispositions antérieures contraires à la présente loi.

Délibéré en séance publique, à Versailles, le 30 juillet 1875.

CIRCULAIRE

DU MINISTRE DE L'AGRICULTURE ET DU COMMERCE

RELATIVE

A L'APPLICATION DE LA LOI DU 30 JUILLET 1875

Paris, 12 août 1875.

MONSIEUR LE PRÉFET,

J'ai l'honneur de vous adresser ci-jointe la loi du 30 juillet 1875, promulguée le 4 août suivant, qui a réorganisé l'enseignement élémentaire pratique de l'agriculture.

Je crois devoir signaler à votre attention les principales dispositions de ladite loi. Elle autorise, comme vous le verrez à l'article 1er, la création d'un nouvel établissement d'enseignement professionnel, en même temps qu'elle maintient les fermes-écoles sous le régime de la loi du 3 octobre 1848, sauf quelques modifications qui laissent intactes les bases fondamentales de l'institution.

Quant aux nouvelles écoles, destinées surtout aux fils de cultivateurs aisés, fermiers, métayers ou petits propriétaires possédant déjà une bonne instruction primaire, elles

seront accomplies avec le concours de l'État et des départements.

Les dépenses permanentes de personnel dirigeant et enseignant seront à la charge de l'État; les frais matériels d'installation seront supportés par les départements; mais rien n'empêchera plusieurs départements de réunir leurs ressources pour fonder en commun une école pratique d'agriculture. Cette association est prévue par la loi (article 2), et l'administration la favoriserait volontiers.

L'admission dans les écoles pratiques d'agriculture ne doit pas être entièrement gratuite; toutefois, le prix de la pension sera calculé de manière à représenter aussi exactement que possible le coût de la nourriture et de l'entretien des élèves. Le temps y sera partagé en deux parties à peu près égales : l'une consacrée à un enseignement primaire supérieur, auquel viendraient s'adjoindre les sciences naturelles et des cours spéciaux ; l'autre employée aux travaux exécutés sur l'exploitation de l'établissement. Mais l'enseignement ne sera pas réglé d'après un programme uniforme. On s'attachera, au contraire, à l'approprier aux conditions culturales des différentes contrées, et à ce qu'il reflète, pour ainsi dire, les particularités de chacune d'elles. L'administration s'éclairerait à cet égard de l'avis du comité de surveillance et de perfectionnement institué par l'article 8.

L'enseignement des écoles pratiques d'agriculture suivi avec succès, de même que celui des fermes-écoles, donnera droit au volontariat d'un an. Cette faveur, s'ajoutant au besoin d'instruction qui se développe de jour en jour dans les campagnes, sera, sans doute, de nature à faire désirer la réalisation des promesses de la loi.

Dans ce cas, vous auriez, monsieur le préfet, à mettre la question à l'étude, de concert avec le conseil général, et mon administration seconderait vos vues autant qu'il serait en son pouvoir.

Je vous serai obligé de m'accuser réception de la présente lettre, que je vous prie de vouloir bien communiquer à l'assemblée départementale.

Recevez, monsieur le préfet, l'assurance de ma considération la plus distinguée.

Le Ministre de l'Agriculture et du Commerce,

C. DE MEAUX.

MESURES ADOPTÉES

POUR

LA RÉPRESSION DES FRAUDES

COMMISES DANS LE COMMERCE DES ENGRAIS

Versailles, le 25 juillet 1875.

MESSIEURS,

La loi du 27 juillet 1867, relative à la répression des fraudes commises dans le commerce des engrais, est restée trop souvent inexécutée, à cause des difficultés qu'éprouvait la constatation du délit. Aussi a-t-on fréquemment demandé que le ministère public prît, dans ce cas, l'initiative des poursuites.

Mais MM. les membres du parquet hésitaient à le faire, parce que cette initiative offrait plusieurs inconvénients, dont le plus grave était de donner à la poursuite un caractère préventif que la loi lui a refusé.

Une entente est intervenue récemment, à ce sujet, entre

mon département et celui de la justice. Il a été reconnu que les poursuites d'office étaient nécessaires, mais que, pour lever les obstacles qu'elles rencontraient, elles n'auraient lieu que lorsque les faits délictueux auraient été signalés à MM. les membres des parquets par des hommes compétents et ayant qualité pour prendre en main les intérêts des cultivateurs. Il a été encore décidé que MM. les membres des chambres consultatives d'agriculture, les membres des bureaux des associations agricoles et les professeurs d'agriculture ou de chimie agricole réunissaient à cet égard les conditions désirées.

Par une circulaire du 23 mars dernier, M. le ministre de la justice a informé MM. les procureurs généraux de la mesure concertée avec mon ministère et les a invités à s'y conformer.

De mon côté, je dois vous faire connaître les règles suivant lesquelles votre intervention devra se produire.

Dès qu'un marchand ou fabricant d'engrais aura affiché et mis en vente, dans le ressort de votre circonscription, une matière quelconque annoncée comme engrais, je vous engage à en acheter une quantité suffisante pour une analyse chimique, en vous faisant délivrer une facture sur laquelle seront énoncées les quantités et quotités d'éléments indiqués comme formant la composition de cette matière.

Vous ferez alors procéder à l'analyse de cet échantillon; et si l'opération constate des différences assez notables, vous adresserez un rapport, ainsi que la facture et le procès-verbal d'analyse, à M. le procureur de la République.

Il est entendu que ces différences devraient être assez importantes pour neutraliser les effets que le vendeur aurait assignés à sa marchandise, et que vous n'aurez pas à rechercher si celle-ci est bonne ou sans effets utiles, parce que c'est aux cultivateurs qu'il appartient d'apprécier si la matière offerte convient à leurs terrains et à leurs cultures, ou à se renseigner à ce sujet auprès des hommes compétents.

Vous ne devrez, en un mot, vous attacher qu'à vérifier la sincérité de la déclaration du marchand ou fabricant.

La liberté du commerce restera ainsi respectée, mais les opérations commerciales auront une garantie sérieuse.

Je compte, Monsieur, sur votre zèle et votre dévouement aux intérêts de l'agriculture pour assurer l'exécution d'une mesure qui tend à éviter aux cultivateurs et à la production générale du pays des dommages fort sensibles, puisqu'à la perte d'argent se joint celle des récoltes.

Recevez, Monsieur, l'assurance de ma considération distinguée.

Le Ministre de l'Agriculture et du Commerce,
C. DE MEAUX.

CULTURE DU CHAMPIGNON

PAR

M. PELOSSIER

Toutes les personnes qui peuvent disposer d'une cave ou d'un cellier obscur peuvent cultiver l'Agaricus campestris, un des meilleurs. La cave est préférable, par suite de la température toujours la même, été comme hiver. Il faut se procurer de bon fumier de cheval, d'âne ou de mulet, dont on fait des petits tas de 30 centimètres de hauteur, que l'on remue tous les huit jours pendant deux mois et arrose avec de l'urine.

Tous les cinq jours on remue les tas, en ayant soin de mettre le dessus du fumier dessous, à seule fin d'obtenir une fusion égale. Au bout de ce temps, on répand sur le sol de la cave, où l'on a eu le soin de mettre un peu de plâtras ou débris de maison pour mieux sécher le lit de la couche, 20 centimètres de fumier, sur lequel on marche avec des sabots, et l'on monte la couche en dos d'âne jusqu'à 30 centimètres de haut. Voilà le moment de *larder*. On pratique de distance en distance une ouverture d'environ deux pouces, de haut en bas, avec un couteau, et l'on introduit le mycélium ou semence tout le long de chaque rainure en appuyant un peu avec les doigts. On recouvre avec de la litière, un pied d'épaisseur.

Au bout de huit jours, on découvre pour examiner la couche et pour constater les endroits où le mycélium manque, et l'on recommence à larder. Quand le mycélium pousse bien également, on passe de la terre fine ou du terreau à travers un crible jusqu'à 3 centimètres d'épaisseur. Au bout de huit ou quinze jours, on aperçoit de petites touffes arrondies, ce sont les champignons qui se forment, et trois ou quatre jours après on récolte de beaux et bons champignons.

Si la sécheresse se déclare, on alterne avec un arrosage d'eau ou d'urine. Souvent je me suis passé de mycélium, qui ne fait qu'avancer un peu la récolte. Le mycélium se forme lui-même dans le fumier.

Il ne faut pas considérer seulement l'avantage d'avoir à sa disposition un comestible savoureux et nourrissant. La sûreté contre les accidents vénéneux doit être le motif principal du consommateur.

(Journal d'Agriculture et d'Horticulture de la Gironde.)

DE LA COMPOSITION DU VIN

EXTRAIT DE DEUX LEÇONS DU COURS DE TECHNOLOGIE AGRICOLE
PROFESSÉ A L'ÉCOLE D'AGRICULTURE

PAR

M. C. SAINTPIERRE

Professeur

MESSIEURS,

Au début de cette conférence, posons-nous d'abord une
question : *Qu'est-ce que le vin?* Le vin, c'est le moût du raisin
fermenté.

Ce produit, remarquez-le bien, n'existe point tout formé
dans le fruit de la vigne ; il est toujours le résultat d'une
opération industrielle que nous appelons une fermentation,
et qui se trouve comparable aux fermentations auxquelles

le boulanger, le brasseur, l'amidonnier, etc., soumettent la farine du blé, de l'orge germé ou des autres céréales, pour en obtenir du pain, de la bière ou de l'amidon.

Les opérations successives de cette fabrication du vin ont pour but de régler et de diriger les phénomènes spéciaux de la fermentation vineuse. A nos yeux, tout ce qui tend à ce but doit être permis.

Est-ce à dire, Messieurs, que la proposition contraire soit absolue, et que nous disions : tout ce qui ne tend pas à ce but doit être défendu et doit être puni ? Nous n'allons pas jusque-là, et nous admettons que, dans les diverses régions viticoles, il existe des pratiques consacrées par l'usage, placées par leur ancienneté au-dessus de toutes les règles scientifiques, et qui, par conséquent, doivent être respectées.

Quelque absurdes que paraissent au premier abord certains procédés œnologiques et certains mélanges, quelque blâmables que puissent sembler les additions de matières étrangères (1) en usage de temps immémorial dans les vins de la Champagne, de la Bourgogne ou du Midi, nous soutenons que la prescription est acquise à ces procédés, et que si la science peut chercher à diriger la pratique dans d'autres voies, la justice doit accorder une large tolérance à tout ce qui ne se cache pas dans un but de tromperie.

Mais ce que nous ne saurions trop flétrir, ce sont les manœuvres coupables, déloyales, qui conduisent à tromper sur la nature de la marchandise vendue, qui parviennent à faire passer pour loyal et marchand un produit falsifié, et surtout donner à des produits inférieurs un masque, une

---

(1) Sucrage des vins. — Vinage. — Emploi de l'œnotannin, du plâtre, du sel, etc.

couleur qui trompent l'acheteur, et font au moins un dommage à sa bourse, quand elles ne compromettent pas sa santé.

Que de questions, Messieurs, soulevées par ce préambule, et combien cette étude serait instructive si des motifs dont vous comprenez toute la portée ne m'imposaient une grande discrétion. Ce problème si délicat des falsifications des vins et des moyens de les reconnaître est de ceux qu'il est impossible de traiter dans une leçon théorique; il exige des recherches difficiles de laboratoire, qui ne peuvent intéresser que les initiés et dont il serait peut-être imprudent de divulguer publiquement les ressources. Mais nous causerons aujourd'hui de la *composition du vin*, de la nature et de la proportion de ses éléments, de ce qui fait sa qualité au point de vue agricole et sa valeur au point de vue commercial.

I.

LE VIN EST LA BOISSON FERMENTÉE LA PLUS RECHERCHÉE.

Pour le chimiste, le vin est un mélange d'eau, d'alcool et de matériaux divers, parmi lesquels quelques acides, de la potasse, de la soude, des sels, des matières colorantes et des arômes. Un litre de vin contient de 75 à 130 grammes d'alcool, 20 grammes environ de matériaux fixes et 850 à 900 grammes d'eau.

Un mélange en proportions différentes, mais analogues pour la nature de ses éléments, se retrouve dans les principales boissons fermentées ; et dans tous les temps et chez tous les peuples, nous voyons l'usage de ces boissons établi comme un besoin. Toutefois le vin occupe toujours le premier rang par la préférence qu'on lui accorde, lorsqu'il s'agit de satisfaire le goût si général des liqueurs alcooliques.

Les boissons fermentées peuvent, en effet, se grouper en cinq classes :

1° Les *vins*, c'est-à-dire les jus de fruits sucrés ayant subi la fermentation. Nous y trouvons les vins de raisin, de cerise, de groseille, de poire (poiré), de pomme (cidre);

2° Les *sèves fermentées* : l'arack, l'aqua ardiente (fournie par les agaves du Mexique);

3° Les *bières* ou infusions de sucre de céréales fermentées.

A ces produits nous ajouterons deux classes de boissons spiritueuses plus alcooliques que les précédentes et qui en sont généralement dérivées :

4° Les *eaux-de-vie*, obtenues par la distillation des vins ou des bières ou des sèves fermentées. C'est ainsi que le vin de raisin donne l'eau-de-vie ordinaire; le vin de cerise, le kirsch; le vin de pêche et de prune, le marasquin; le jus de la canne à sucre, le rhum, etc.;

5° Les *liqueurs*, c'est-à-dire des infusions alcooliques diverses : curaçao, cassis, vermouth, ou des infusions distillées, comme les *ratafias*.

Cette variété de produit présente des satisfactions bien variées aux besoins des races et des climats. Mais, je le répète, le vin est de toutes ces boissons la plus recherchée pour l'usage, tandis que les eaux-de-vie et les liqueurs sont, au contraire, recherchées pour l'abus. Je vais essayer d'expliquer cette excellence, cette supériorité du vin, par l'étude des principes qui le constituent.

II.

ANALYSE DU VIN.

Pour faire l'analyse du vin, on est dans l'usage de déterminer le poids de chacun des principes que contient un litre de vin, excepté pour l'alcool, qui est déterminé en volume. Cette exception est regrettable à tous égards, parce que le poids d'alcool absolu contenu dans un vin serait une indication d'une rigueur parfaite, tandis que l'évaluation de cet alcool en volume représente toujours une fiction, à cause des phénomènes particuliers de contraction qui se produisent dans les mélanges d'eau et d'alcool. Quoi qu'il en soit, nous suivrons l'usage et nous emploierons avec vous le langage habituel, dans l'exposé des opérations que je vais accomplir sous vos yeux.

Voici d'abord une capsule de porcelaine chauffée dans cette étuve à eau bouillante. Dans cette capsule, j'avais placé 10 centimètres cubés de vin exactement jaugés avec cette pipette graduée. — Le résultat de l'opération est complet ; nous nous en sommes assuré par des pesées successives, et nous trouvons dans la capsule un résidu que les chimistes appellent *résidu fixe* ou *extrait*. Son poids est égal à 20 grammes par litre de vin. Tout le reste, tout ce qui s'est évaporé, représente les *matières volatiles*, c'est-à-dire l'eau, l'acide acétique, l'alcool et les éthers.

La proportion des éthers qui constituent le bouquet ou l'arome des vins est toujours si minime qu'on peut éviter d'en tenir compte dans les pesées et réduire le poids des matières utiles à celui de l'eau, de l'alcool et de l'acide acétique.

Ces analyses nous montrent ainsi que les vins de nos climats contiennent environ 18 à 20 grammes par litre d'extrait et 980 de matières volatiles. Les vins plâtrés sont un peu plus riches en extrait ; ils donnent souvent de 20 à 22 grammes : certains vins altérés ou tournés donnent, suivant le moment de leur maladie où on les étudie, 16 à 17 grammes de résidu fixe, ou bien 22 à 24 grammes. Mais la moyenne des vins nouveaux de nos pays est, retenez-le bien, d'environ 19 à 20 pour mille. Cet extrait contient les sels minéraux et organiques, la glycérine, les matières colorantes, les matières glucogènes, le sucre, s'il en reste quelques traces, et des principes divers mal définis que l'on confond sous le nom de *matières extractives*. Nous allons séparément analyser devant vous ces deux groupes de matériaux fixes et de matériaux volatils.

Matériaux volatils. — Les 980 grammes de matières volatiles sont représentés, nous l'avons dit, par le poids de l'eau, de l'alcool et de l'acide acétique. L'alcool est dosé directement en volume par le procédé de Gay-Lussac ; des tables permettent de passer du volume au poids. Nous trouvons ainsi, pour le vin que nous venons d'analyser, 11,92 pour 100 en volume, ce qui nous donne, correction faite, 95 grammes 37 par litre de vin.

Quant à l'acide acétique, voici comment il faut le doser. Je distille au bain de chlorure de calcium 200^{cc} de vin, jusqu'à siccité (1). Dans le produit distillé je détermine la proportion d'acide par une liqueur titrée normale d'un

---

(1) Pour opérer avec une très grande rigueur, il faudrait obtenir seulement 190^{cc} de produit distillé, puis ajouter au résidu 15 à 20^{cc} d'eau et distiller cette nouvelle quantité. Par ce moyen, on serait sûr d'avoir séparé absolument tout l'acide acétique.

alcali caustique, et je trouve qu'elle répond à 0,50 par litre de vin.

Connaissant le poids de l'alcool et celui de l'acide acétique, j'en déduis le poids de l'eau par différence, et je puis représenter par le tableau suivant les résultats de l'analyse des matières volatiles que je viens d'exécuter sous vos yeux :

		Par litre de vin.
	Alcool..............	95 gr. 37
Matières volatiles.	Acide acétique......	0 . 50
	Eau par différence..	884 13
	Éthers, arômes.....	traces.
	TOTAL...........	980 gr. 00

Matériaux fixes. — Passons à l'analyse des 20 grammes par litre de matières fixes que nous avons trouvés dans la capsule (2).

Ce résidu contient des matières minérales et des matières organiques. — On dose les premières sous le nom de cen-

---

(1) Ou plutôt que nous y aurions trouvés si nous avions évaporé un litre de vin. Il va s'en dire que l'opération du dosage de l'extrait n'exige pas l'emploi d'une pareille quantité de liquide, et que dix centimètres cubes évaporés permettent d'obtenir un résultat plus exact que si l'on opérait sur de grands volumes. Quelque singulière que puisse vous paraître au premier abord cette assertion, vous la comprendrez tout de suite quand je vous rappellerai que les chimistes emploient des balances, comme celle-ci, d'une grande précision, mais ne pouvant servir qu'à peser de petites quantités. En un mot, un chimiste répond avec cette balance des milligrammes, lorsqu'il met sur le plateau cette capsule et l'extrait qu'elle contient, pesant ensemble environ cinquante grammes. Sur une autre balance grossière qui pèserait deux kilos, le chimiste ne répondrait peut-être pas du gramme. Vous le voyez, la certitude est incomparablement plus grande quand on emploie peu de matière et des instruments plus sensibles.

dres, en incinérant dans une capsule l'extrait sec fourni par 100^{cc} de vin.

La différence représente les matières brûlées, et l'essai que nous faisons sous vos yeux nous donne comme résultat :

Matières minérales, — cendres.   3 gr. 50 par litre.
Matières organiques.........   16   50   —

Ces matières minérales, attaquées par des dissolvants convenables, nous permettraient de retrouver par les procédés analytiques ordinaires les principes minéraux du vin, c'est-à-dire la potasse, la soude, la chaux, le chlore, l'acide sulfurique, l'acide phosphorique, unis les uns avec les autres à l'état de sels (1). Je vous les présente ici avec leurs réactions caractéristiques.

Les 16 gr. 50 de matières organiques représentent les acides organiques : acide tartrique, acide tannique ou tannin, acide succinique, la glycérine, les matières grasses, les matières colorantes, des principes amylacés et des principes azotés ; enfin très souvent un peu de sucre échappé à la fermentation. Des procédés très délicats qui vous seront présentés au laboratoire permettent de caractériser ces substances et même de les doser. Mais en général une analyse qualitative suffit, et la quantité de chacun de ces composés importe fort peu (2).

---

(1) Dans les cendres, on trouve du carbonate de potasse en quantité notable ; ce produit ne préexiste pas dans le vin. Il est le résidu de l'incinération de la crème de tartre (bitartrate de potasse), et on peut par son dosage remonter, au moyen d'un calcul, à la connaissance de la proportion de tartre contenue dans le vin.

(2) Pour isoler les acides, il faut précipiter au moyen de l'acétate basique de plomb. — Tous ces acides donnent un sel de plomb insoluble. — On filtre, on lave, et le précipité repris par l'hydrogène

Je n'ai pas voulu interrompre la description méthodique du procédé d'analyse d'un vin ; mais j'ai hâte de laisser la méthode générale pour insister devant vous sur les cas particuliers, et vous montrer comment on dose l'alcool et le tartre, ces deux composés dont la détermination est assez importante pour être faite directement.

Dosage de l'alcool. — L'alcool se dose par le procédé bien connu de la distillation, qui, dans ce cas, est appelé communément la *preuve des vins*. Le but qu'on se propose avec les divers appareils destinés à cette preuve, c'est de séparer l'alcool, accompagné des autres substances volatiles, d'avec les matériaux solides des vins, car ces matériaux influent sur la densité du mélange. Au contraire, une fois l'alcool et l'eau séparés ensemble d'avec tout le reste, des instruments spéciaux appelés *alcoomètres*, gradués pour ces mélanges d'eau et d'alcool, donnent, par une simple lecture, la quantité d'alcool en volume contenue dans cent volumes de vin ; d'où il est facile de déduire la proportion par litre,

---

sulfuré dans l'eau donne une solution de tous les acides, que l'on isole par les procédés ordinaires.

Pour rechercher le glucose, il faut prendre l'extrait de 200ᶜᶜ de vin, épuiser cet extrait par un mélange de 40° alcool concentré et 60° éther. Ce liquide dissout bien des choses, notamment les corps gras, mais ne dissout pas le sucre. L'extrait épuisé est traité alors par l'alcool. — Cette solution alcoolique évaporée laisse un résidu que je reprends par l'eau ; il se dissout, et la solution est traitée par l'acétate tribasique de plomb. De cette façon, on se débarrasse des matières colorantes et autres qui sont précipitées par le plomb, tandis que le sucre reste en solution. La solution est débarrassée de l'excès d'acétate de plomb au moyen d'un courant de gaz sulfhydrique ; elle est filtrée, évaporée, et son résidu contient le glucose, s'il y en a dans le vin.

Dans le cas où l'on voudrait rechercher la glycérine, il faudrait s'adresser au procédé de M. Pasteur ; et, pour les matières colorantes, à celui de M. Glénard.

et, au moyen de tables de densité, de passer, si on le désire, de la connaissance des volumes à celle des poids. Il est bien entendu que les nombres obtenus seront corrigés de la dilatation due à la température (1).

Dosage du tartre. — La crême de tartre, ou bitartrate de potasse, est un terme très important dans l'analyse du vin. On le détermine par pesée directe. Dans ce but, il faut mettre à évaporer 100^{cc} de vin jusqu'à concentration au vingtième. Sous cet état, les cristaux de tartre se déposent. On décante et on lave les cristaux avec de l'alcool très concentré (96 à 98°). Une pesée directe donne le poids du tartre.

Mais il est un moyen plus exact de doser la crême de tartre, en déduisant par le calcul son poids de l'alcalinité des cendres. Voici, sous vos yeux, la réalisation de cette expérience :

Dans cette capsule, j'incinère le résidu sec fourni par 100^{cc} de vin ; j'obtiens les cendres. Ces cendres ne contiennent plus de tartre, mais elles renferment toute la potasse du bitartrate de potasse à l'état de carbonate. D'un autre côté, j'ai là, dans ce flacon, une liqueur d'acide sulfurique très étendu d'eau et qui a été titrée par une opération préalable. Je lis sur l'étiquette de ce flacon que vingt centimètres cubes de liqueur neutralisent exactement la potasse contenue dans un gramme de crême de tartre (2) ;

----

(1) La température type a été prise par convention à + 15°.

Il existe dans le procédé ci-dessus une légère cause d'erreur, due soit à la présence d'une quantité minima d'éthers soit à la présence d'un peu d'acide acétique. Ces corps existent, dans les vins normaux, en quantité trop faible pour modifier les résultats indiqués par l'alcoomètre.

(2) On titre la liqueur acide en brûlant un gramme de crême de

j'ajoute à la solution des cendres obtenues ci-dessus la quantité d'acide nécessaire, et comme je vois que j'ai employé 64^{cc} de liqueur, j'en conclus que j'avais dans mes 100 centimètres cubes de vin 0,32 de crême de tartre, c'est-à-dire 3 gr. 20 par litre.

III.

LE VIN AU POINT DE VUE SYNTHÉTIQUE.

Nous venons d'isoler un à un les composés les plus importants de ce milieu si complexe que nous fournit la fermentation du jus de raisin ; mais nous n'aurions qu'une idée bien imparfaite de ce produit si, après l'analyse, nous ne faisions l'étude de ces substances réunies, si nous ne cherchions à juger, sous le rapport synthétique, le vin tel que nous le connaissons.

A ce point de vue, trop négligé à notre avis par les chimistes, nous pouvons considérer le vin comme un milieu liquide plus ou moins saturé de certains principes, suivant certaines lois bien connues de la solubilité. L'eau, l'alcool et les acides forment un mélange doué de propriétés dissolvantes par rapport aux autres éléments du vin. Le vin, en effet, est un tout dont on ne peut impunément troubler l'harmonie : supprimez une partie notable de l'alcool, soit par évaporation, soit par une addition d'eau, aussitôt les matières résineuses se précipitent, certaines matières colorantes font de même, et, au contraire, plusieurs des sels isolés dans les dépôts se dissolvent. Sans la quantité d'al-

tartre et déterminant combien il faut de centimètres cubes de liqueur acide pour saturer l'alcali résidu de ce gramme après incinération.

cool qui lui est propre, le vin contiendrait des proportions
de crême de tartre supérieures à celles du vin normal ; sa
saveur et ses propriétés en seraient modifiées (1). Enfin,
Messieurs, sans aller chercher bien loin, voici un nouvel
exemple que vous connaissez tous : rappelez-vous que c'est
à son alcoolicité que le vin doit de ne pas conserver de
plâtre dans les vendanges plâtrées.

Les acides du vin jouent, comme dissolvants, un rôle analogue à celui de l'alcool ; ces acides ne peuvent être saturés
sans inconvénient. C'est à son acidité que le moût de raisin
doit d'être envahi rapidement par le ferment alcoolique ;
sans les acides, c'est une autre fermentation (2) qui pren-
drait naissance, et, au lieu du vin, nous aurions un produit
contenant un des principes du lait aigri. C'est à son acidité
encore que le vin doit sa couleur et son bouquet.

Les bouquets des vins sont constitués par des éthers composés, c'est-à-dire par de l'alcool dont une partie de la molécule est remplacée par une molécule d'acide. Les vins
trop peu acides restent plats ; au contraire, les vins verts
voient avec le temps se développer des arômes. Nous ajouterons que l'acidité du vin frappe d'une façon particulière
l'organe du goût et lui permet de savourer plus complétement le parfum du vin. — Nous avons tous remarqué que
l'eau sucrée paraît fade ; ajoutez-y un peu de jus de citron,
vous communiquez à cette eau sucrée un parfum et une saveur que le jus du citron seul ou l'eau sucrée seule auraient ·

---

(1) Le moût dissout plus de crême de tartre que le vin. A mesure
que l'alcool se développe par la fermentation, le tartre en excès se
dépose.

(2) La fermentation lactique se développe dans les jus sucrés dès
que le milieu devient alcalin ou même seulement trop faiblement
acide.

été incapables de développer. Le citron, le vinaigre, divers condiments, jouent dans notre alimentation un rôle important par leur acidité, qui excite notre estomac et qui révèle à la fois à l'organe olfactif des sensations qui, sans eux, seraient restées inaperçues pour cet organe.

Quant à la *couleur du vin,* il faut que vous sachiez qu'isolée par les chimistes et dissoute dans l'eau alcoolisée, elle est loin de communiquer à ce liquide autre chose qu'une coloration gris-bleuâtre ; mais, sous cet état, une goutte d'acide fait passer cette couleur au rouge vif. Une fois le cuvage terminé, les acides du vin maintiennent cette couleur, et sont même capables de la reproduire si l'on a fait passer au bleu la couleur du vin sous l'influence d'un alcali. Je fais ici cette expérience devant vous. Voilà du vin conservé dans cette bouteille : il était rouge, il est devenu bleu-violacé. Le verre de la bouteille a été attaqué, ainsi que cela peut arriver quelquefois, et l'alcali du verre a saturé en partie l'acide du vin. Quelques gouttes d'acide rendent bientôt à ce produit sa couleur primitive.

Les acides qui jouent ce rôle important dans la saveur et la stabilité du vin se trouvent à l'état de combinaison ou à l'état de liberté : ce sont les acides suivants : acétique, tartrique, tannique ou tannin, succinique, phosphorique, etc. De ce nombre, l'acide phosphorique paraît exister à l'état de liberté, l'acide tartrique à l'état de bitartrate. J'ajouterai que, dans les vendanges plâtrées, on obtient un vin riche en bisulfate de potasse, substitué à une portion équivalente de bitartrate de potasse. Ces deux sels, contenant un excès d'acide, ont une réaction sur la couleur et la sapidité du vin qui est celle que posséderait leur acide libre. Le plâtrage augmente de plus le degré acidimétrique du vin.

Maintenant que nous avons fait connaissance avec le

milieu dissolvant qui forme la partie essentielle du vin, je vais jeter un coup d'œil rapide sur la nature des principes dissous, dont nous avons déjà eu l'occasion de parler devant vous. Ces substances sont les suivantes : des sels, des matières grasses, des matières résineuses, des matières colorantes, quelques substances amylacées, enfin des composés azotés.

Je considère ces composés comme d'une importance secondaire dans le vin ; c'est pourquoi j'ai tenu à faire la part de ce qui est essentiel, nécessaire, c'est-à-dire du mélange dissolvant, et à séparer dans une autre classe de produits les matériaux dont le rôle, très important au point de vue du goût, n'a qu'une importance secondaire sur la constitution chimique. Au lieu de potasse, mettez de la soude dans un vin, son équilibre changera à peine ; par un cuvage de moût isolé, obtenez un vin non coloré, ce sera toujours du vin que vous aurez préparé ; mais, sans eau, sans alcool, sans acide, ou même une diminution relative de ces principes, vous n'aurez plus de vin.

Je vous ai montré déjà les *sels* en incinérant devant vous 100^{cc} de vin ; ces sels sont le résultat de l'union des oxydes, c'est-à-dire de la potasse, de la soude, de la chaux, de l'oxyde de fer, avec les acides dont nous avons parlé ; seulement, tandis que la nature des acides ne pourrait être changée sans inconvénient, le vin resterait à peu près semblable, par la substitution d'un alcali à un autre. Nous trouvons encore dans les cendres un peu d'alumine, de la magnésie des chlorures et de la silice. Cet ensemble représente 3 à 4 grammes par litre de vin. La proportion en est plus forte dans les vins nouveaux et dans les vins plâtrés. Tous les éléments de ces composés préexistaient dans le moût et ont été puisés par la plante dans le sol.

Les *matières grasses* proviennent de deux sources : du pépin, qui est riche en principes huileux, et du sucre, dont la molécule par l'action du ferment donne de la glycérine. Les matières résineuses suivent les précédentes et dans leur origine et dans leurs propriétés. L'alcool est le dissolvant de ces substances, et c'est par son alcoolicité que le vin s'enrichit de ces produits. Par contre, l'alcool est l'obstacle à la dissolution des sels, dont une grande partie, soluble dans le moût, se dépose pendant l'acte de la fermentation, à mesure que l'alcool se produit.

Les *matières colorantes* communiquent au vin des qualités recherchées ; cependant elles n'apportent par elles-mêmes aucun mérite nouveau. Je vous ai dit le rôle important des acides dans le développement de la nuance ; l'eau et l'alcool ont leur part dans cette action. La peau du raisin n'abandonne à l'eau aucun principe colorant ; vous en voyez la preuve dans ce flacon. L'alcool concentré n'agit pas davantage, mais le mélange que voici, de 90 eau et 10 alcool, enlève facilement au marc que j'introduis dans ce flacon une certaine quantité de matière colorante, qu'une goutte d'acide développe et fait passer au rouge. Le dosage de ces matières colorantes n'est pas possible, et nous ne possédons pas encore de moyens de mesures absolu. Tout ce que nous pouvons faire, c'est d'évaluer comparativement la couleur d'un vin vis-à-vis d'un autre pris pour terme de comparaison. L'instrument que voici est destiné à cette opération : on le nomme *colorimètre* (1). Vous pourrez, en l'essayant, en saisir rapidement et le mécanisme et les indications. Toutefois cet appareil est loin de s'appliquer à tous les cas, no-

---

(1) Colorimètre de Duboscq.

tamment à la comparaison des vins dont la teinte présente de grandes différences (1).

(Messager agricole du Midi.)

(1) On peut atténuer, dans une certaine mesure, les incertitudes résultant de cette imperfection du colorimètre. En effet, nous avons reconnu, M. Foëx et moi, qu'en éclairant l'appareil très fortement par la la lumière solaire, les différences de nuances disparaissaient en grande partie. Nous apercevons alors les vins comme présentant seulement des intensités de coloration, et leur comparaison devient, pour les personnes habituées à ces études, bien plus facile que par un éclairage à la lumière diffuse.

MERCURIALE. — JUILLET 1875.

État du prix moyen des Grains, autres Denrées et Comestibles, dans les principaux Marchés du département de la Charente, pendant la deuxième quinzaine du mois de Juillet.

NOMS des COMMUNES.	PRIX DE L'HECTOLITRE de							PRIX du k. de		PRIX du kilogramme de					PRIX DU QUINTAL métrique de	
	Froment.	Méteil.	Seigle.	Orge.	Maïs.	Avoine.	Haricots.	Pain blanc.	Pain bis.	Bœuf.	Vache.	Veau.	Mouton.	Cochon.	Foin.	Paille.
	f. c.	fr. c.	f. c	f. c.	f. c.	f. c.	f. c.	c.	c.	f. c.	f. c.	f. c.	f. c.	f. c.	f. c.	f. c.
Angoulême	20 30	16 50	13 0	0 0	12 62	12 70	28 51	35	28	1 60	1 30	1 80	1 80	1 40	10 0	6 50
La Rochefoucauld	0 0	0 0	0 0	0 0	0 0	0 0	0 0	35	29	1 70	1 60	1 70	1 80	1 40	0 0	0 0
Rouillac	22 0	0 0	0 0	0 0	11 50	11 50	35 64	35	30	1 80	0 0	1 80	1 60	1 60	0 0	0 0
Aubeterre	0 0	0 0	0 0	0 0	0 0	0 0	0 0	40	30	1 40	1 40	1 40	1 40	1 40	0 0	4
Baignes	20 0	0 0	0 0	0 0	10 0	10 0	0 0	35	30	1 80	0 0	1 60	1 80	1 40	8 0	4 0
Barbezieux	0 0	0 0	0 0	0 0	0 0	0 0	0 0	35	30	1 60	0 0	1 60	1 60	1 50	8 0	4 0
Chalais	20 0	0 0	0 0	0 0	11 0	12 0	0 0	40	30	1 40	0 0	1 80	1 80	1 50	0 0	4 0
Châteauneuf	21 0	0 0	0 0	0 0	12 0	12 0	0 0	38	29	2 10	2 0	2 10	2 10	1 40	10 0	5 0
Cognac	0 0	0 0	0 0	0 0	0 0	0 0	0 0	35	29	2 10	0 0	2 10	2 10	1 40	10 0	5 0
Jarnac	0 0	0 0	0 0	0 0	0 0	0 0	0 0	35	29	2 10	2 0	2 10	2 10	1 40	10 0	5 0
Chabanais	19 0	15 0	13 0	0 0	0 0	11 0	0 0	35	28	0 0	1 60	1 60	1 60	1 40	8 0	4 40
Confolens	0 0	0 0	0 0	0 0	0 0	0 0	0 0	35	28	1 60	1 60	1 60	1 60	1 60	0 0	0 0
Saint-Claud	21 0	0 0	13 0	12 0	14 0	11 0	0 0	35	28	1 70	1 60	1 50	1 60	1 30	0 0	0 0
Aigre	18 04	12 48	0 0	12 38	0 0	11 40	0 0	33	26	1 60	0 0	1 60	1 60	1 50	9 0	5 0
Mansle	21 0	0 0	0 0	11 50	12 0	11 50	0 0	33	27	1 60	1 60	1 80	1 60	1 40	8 40	5 0
Ruffec	20 50	0 0	0 0	12 0	12 50	11 0	0 0	32	26	1 60	1 60	1 50	1 80	1 50	0 0	0 0

MERCURIALE. — AOUT 1875.

Etat du prix moyen des Grains, autres Denrées et Comestibles, dans les principaux Marchés du département de la Charente, pendant la deuxième quinzaine du mois d'Août.

NOMS des COMMUNES.	PRIX DE L'HECTOLITRE de							PRIX du k. de		PRIX du kilogramme de					PRIX DU QUINTAL métrique de	
	Froment.	Méteil.	Seigle.	Orge.	Maïs.	Avoine.	Haricots.	Pain blanc.	Pain bis.	Bœuf.	Vache.	Veau.	Mouton.	Cochon.	Foin.	Paille.
	f. c.	f. c.	f. c.	f. c.	f. c.	f. c.	f. c.			f. c.	f. c.	f. c.	f. c.	f. c.	f. c.	f. c.
Angoulême	18 85	14 33	13 15	12 75	12 61	11 96	27 96	37	29	1 60	1 30	0 80	1 80	1 40	10 0	6 50
La Rochefoucauld	0 0	0 0	0 0	0 0	0 0	0 0	0 0	35	29	1 60	1 50	1 70	1 60	1 40	0 0	0 0
Rouillac	22 50	0 0	0 0	0 0	13 0	12 0	35 64	38	30	1 60	0 0	1 80	1 50	1 50	0 0	0 0
Aubeterre	0 0	0 0	0 0	0 0	0 0	0 0	0 0	40	30	1 40	1 40	1 40	1 60	1 40	9 0	4 0
Baignes	20 0	0 0	0 0	0 0	10 0	10 0	0 0	35	30	1 80	0 0	1 60	1 80	1 40	8 0	4 0
Barbezieux	0 0	0 0	0 0	0 0	0 0	0 0	0 0	35	30	1 60	0 0	1 60	1 60	1 40	7 0	4 0
Chalais	20 0	0 0	0 0	0 0	11 0	12 0	0 0	40	30	1 40	0 0	1 40	1 80	1 50	0 0	0 0
Châteauneuf	20 0	0 0	0 0	0 0	0 0	12 0	0 0	38	29	2 10	2 0	2 10	2 10	1 40	10 0	5 0
Cognac	20 0	0 0	0 0	0 0	0 0	12 0	0 0	35	29	2 10	0 0	2 10	2 10	1 40	10 0	5 0
Jarnac	0 0	0 0	0 0	0 0	0 0	0 0	0 0	35	29	2 10	2 0	2 10	2 10	1 40	10 0	5 0
Chabanais	17 0	14 0	12 0	0 0	0 0	11 0	0 0	35	28	0 0	1 40	1 40	1 40	1 40	8 0	4 40
Confolens	0 0	0 0	0 0	0 0	0 0	0 0	0 0	35	30	1 40	1 40	1 40	1 40	1 40	0 0	0 0
Saint-Claud	18 0	0 0	12 0	12 0	0 0	10 0	0 0	35	28	1 70	1 60	1 50	1 60	1 30	0 0	0 0
Aigre	16 65	11 44	0 0	11 35	0 0	10 39	0 0	33	26	1 60	0 0	1 60	1 70	1 40	8 0	4 0
Mansle	17 50	0 0	0 0	12 0	12 75	9 50	0 0	34	28	1 60	1 60	1 80	1 60	1 40	10 0	5 60
Ruffec	18 0	0 0	0 0	12 0	12 0	10 0	0 0	33	27	1 40	1 40	1 30	1 50	1 50	0 0	0 0

MERCURIALE. — SEPTEMBRE 1875.

Etat du prix moyen des Grains, autres Denrées et Comestibles, dans les principaux Marchés du département de la Charente, pendant la deuxième quinzaine du mois de Septembre.

NOMS des COMMUNES.	PRIX DE L'HECTOLITRE de															PRIX du k. de		PRIX du kilogramme de							PRIX DU QUINTAL métrique de			
	Froment.		Méteil.		Seigle.		Orge.		Maïs.		Avoine.		Haricots.		Pain blanc.	Pain bis.	Bœuf.		Vache.		Veau.		Mouton.	Cochon.	Foin.		Paille.	
	f.	c.	fr.	c	f.	c.	f.	c	f.	c.	f.	c.	f.	c.	c.	c.	f.	c	f.	c.	f.	c.	f. c.	f. c.	f.	c.	f.	c.
Angoulême………	18	22	14	25	13	07	13	0	11	50	11	98	26	74	37	29	1	60	1	30	1	80	1 80	1 40	11	0	6	50
La Rochefoucauld	0	0	0	0	0	0	0	0	0	0	0	0	0	0	34	28	1	60	1	50	1	65	1 50	1 40	0	0	0	0
Rouillac…………	20	0	0	0	0	0	0	0	0	0	12	0	31	68	38	29	1	60	0	0	1	80	1 50	1 50	0	0	0	0
Aubeterre………	0	0	0	0	0	0	0	0	0	0	0	0	0	0	40	30	1	40	1	40	1	40	1 60	1 40	9	0	4	0
Baignes…………	20	0	0	0	0	0	0	0	10	0	10	0	0	0	35	30	1	80	0	0	1	60	1 80	1 40	8	0	4	0
Barbezieux…,…	0	0	0	0	0	0	0	0	0	0	0	0	0	0	35	30	1	60	0	0	1	60	1 60	1 40	7	0	4	0
Chalais…………	20	0	0	0	0	0	0	0	11	0	12	0	0	0	40	30	1	40	0	0	1	40	1 80	1 50	0	0	0	0
Châteauneuf..,…	20	0	0	0	0	0	0	0	0	0	11	0	0	0	38	29	2	20	2	0	2	20	2 20	1 40	10	0	6	0
Cognac…………	19	0	0	0	0	0	0	0	0	0	11	0	0	0	36	30	2	20	2	0	2	20	2 20	1 40	10	0	6	0
Jarnac…………	0	0	0	0	0	0	0	0	0	0	0	0	0	0	36	30	2	20	2	0	2	20	2 20	1 40	10	0	6	0
Chabanais………	17	50	13	0	11	0	0	0	0	0	11	0	0	0	40	30	1	80	1	50	1	60	1 60	1 40	8	0	4	40
Confolens………	0	0	0	0	0	0	0	0	0	0	0	0	0	0	35	28	1	40	1	40	1	40	1 40	1 40	0	0	0	0
Saint-Claud………	18	0	0	0	12	0	12	0	0	0	10	0	0	0	35	30	1	60	1	40	1	60	1 80	1 50	0	0	0	0
Aigre……………	16	19	11	44	0	0	12	0	0	0	10	31	0	0	33	26	1	60	0	0	1	60	1 60	1 40	9	0	5	0
Mansle..…,………	17	50	0	0	0	0	12	0	0	0	10	0	0	0	32	20	1	60	1	60	1	80	1 63	1 40	0	0	0	0
Ruffec……………	18	0	0	0	0	0	12	0	12	0	10	25	0	0	31	25	1	50	1	50	1	60	1 60	1 50	10	0	0	0

EXTRAIT

DES

PROCÈS-VERBAUX DES SÉANCES

DE LA SOCIÉTÉ D'AGRICULTURE

SCIENCES, ARTS ET COMMERCE DU DÉPARTEMENT
DE LA CHARENTE

SÉANCE DU 15 NOVEMBRE 1875.

PRÉSIDENCE DE M. EUG. DE THIAC,
PRÉSIDENT.

Après la lecture du procès-verbal, on vote sur les présentations faites dans la dernière séance, et sont admis :

MM. Georges Maillard, conseiller général de la Charente pour le canton nord de Confolens ;

Le vicomte Henri de La Laurencie, ancien officier de marine, propriétaire au château de Fleurac, près Nersac ;

De Terrasson, propriétaire au château d'Ardennes, près Hiersac ;

Ganivet, fils de M. Ganivet, député et ancien vice-président ;

16

MM. Sazerac de Forge, fils de M. Sazerac de Forge, vice-président de la Société ;

Pierre Lair, propriétaire-agriculteur au logis de Mortier, commune d'Anville ;

Tijoux, notaire à Mansle.

Puis il a été présenté pour être statué à la prochaine séance :

1° M. Arthur Amiaud, élève des hautes études, à Paris, par M. Amiaud, son frère, notaire à Vars ;

2° M. Sureaud, notaire à Mareuil (Charente), également par M. Amiaud ;

3° M. Albain Vignaud, négociant et propriétaire à L'Houmeau, par M. Victor Nadaud.

M. LE PRÉSIDENT remercie ses collègues des présentations qu'ils viennent de faire, et qui témoignent de leur sollicitude pour l'avenir de la Société. Il ajoute combien il serait à désirer que leur exemple fût imité, ce qui donnerait à la Société une indépendance si utile pour le développement des intérêts généraux du pays, et il se demande pourquoi les magistrats, les avocats, les médecins restent pour la plupart complétement étrangers aux choses de la vie rurale, dont ils sont cependant forcés tôt ou tard de s'occuper.

La Société réitère un appel le plus pressant. Que tous les hommes de cœur et d'intelligence viennent à elle. La Société est animée du meilleur vouloir, mais encore faut-il qu'elle soit secondée dans le but assurément digne d'intérêt qu'elle poursuit.

Mgr COUSSEAU.

LE PRÉSIDENT salue la mémoire de Mgr Cousseau, qui s'était rattaché à notre Société par des liens bien chers. L'un de nos comices a été présidé par lui, et à l'occasion de la mort du regretté M. Gellibert des Seguins, il apporta à la famille comme à la Société les plus touchantes consolations.

M. PILAT.

A un autre titre, l'agriculture française déplore la perte récente de M. Pilat, président de la Société d'agriculture du Pas-de-Calais, et qui exploitait la ferme de Brebières. C'est près de lui que M. Daniel Fougère, l'un de nos collègues, a fait son stage, et il a pu étudier de près les principes de la grande agriculture du Nord, dont M. Pilat a été l'un des plus habiles propagateurs.

SUR LE CONCOURS GRAS.

Le Président rappelle la mesure qu'il a été contraint de prendre au sujet du concours d'animaux gras, qui était appelé à avoir dans la Charente le caractère d'une institution nationale. Mais la municipalité d'Angoulême et le conseil général n'ayant pu accroître leurs subventions à ce sujet, comme la demande leur en avait été faite dès le mois de mars dernier, la Société a dû s'arrêter, afin de ne pas compromettre ses finances. Le concours gras de 1876 n'aura donc pas lieu. Il revivra, à n'en pas douter, le jour où, par ses propres forces, la Société pourra le reconstituer. C'est encore là une raison pour que les adhérents viennent à elle en grand nombre.

Plusieurs membres expriment le regret de cette suppression, et l'un d'eux, M. Machenaud, demande si la Société ne pourrait pas du moins encourager une foire grasse.

Il est répondu que c'est à la municipalité d'Angoulême à provoquer l'établissement de cette foire en suivant la filière administrative, et que, lorsqu'elle serait légalement établie, la Société ne refuserait assurément pas de lui donner des encouragements, en faisant néanmoins remarquer qu'étant une société départementale, elle devra ne pas se borner à encourager les foires d'Angoulême, mais toutes les autres.

CONCOURS HIPPIQUE.

Le conseil général a voté une subvention de 1,500 fr. pour un concours de poulains et pouliches dans le courant de 1876.

LE PRÉSIDENT communique une lettre de l'honorable M. de La Bastide à ce sujet et la réponse que lui a faite le Président.

Une commission est nommée à l'effet de faire un rapport à la prochaine séance sur l'époque du concours et l'âge des sujets.

Quant au lieu du concours, la Société a pensé, quant à présent, qu'Angoulême devait être choisi.

Les membres de la commission sont : MM. de La Bastide, Clément Prieur et Nadaud, de Chazelles. La commission accueillera toutes les observations qui pourraient être faites.

CONCOURS HORTICOLE.

Pour rendre hommage à M. Dubreuil, un concours horticole a eu lieu à Angoulême en septembre dernier.

La Société remercie M. Dubreuil et MM. Victor Bujeaud et Mamoz d'avoir bien voulu, comme jurés, prêter le concours de leur expérience. Malheureusement les jardiniers ont montré peu d'entrain. Il y avait pourtant là une occasion précieuse de faire voir combien notre climat se prêtait à la culture des fleurs, des fruits et des légumes.

SUR LE PHYLLOXERA.

M. le préfet vient d'adresser au PRÉSIDENT, qui en donne communication, une lettre annonçant que, le 1er décembre prochain, il se tiendra à Bordeaux un congrès interdépartemental au sujet du Phylloxera. .

Comme cette question est l'objet des plus vives préoccupations, la Société délègue deux de ses membres pour la représenter à ce congrès, dont il sera rendu compte dans la prochaine séance.

Cette délégation est confiée à M. Clément Prieur, secrétaire général de la Société, et à M. Rogée, trésorier de la Société.

La Société décide qu'elle entend supporter les dépenses de voyage, et que si un appel de fonds est fait par le congrès pour continuer les études et réunir les documents, les délégués devront répondre à cet appel, la Société entendant ne reculer devant aucun sacrifice pour arriver à débarrasser la viticulture française de ce cruel fléau.

COMMUNICATIONS DIVERSES.

LE PRÉSIDENT communique ensuite diverses lettres adressées au sujet du Phylloxera et qui sont renvoyées au congrès,

Puis un rapport de l'éminent agronome M. Jacques Valserres, sur la culture lucrative de la truffe par le reboisement. Mais M. Condamy a demandé que la lecture de ce rapport fût renvoyée à la prochaine séance.

En outre, M. le Président appelle l'attention de la Société sur la séance du 8 courant de l'Académie des sciences, publiée dans l'*Officiel* du 11 du même mois, et dans laquelle a été analysé un intéressant mémoire de M. Adrien Bernard, agrégé de l'Université, professeur de physique et de chimie à Cognac, sur l'*alcoométrie*, et concluant à ce que l'usage du *Tessa* doit disparaître pour adopter uniquement l'alcoomètre centésimal.

Enfin, M. le Président a reçu les épreuves d'un traité sur les engrais chimiques, de M. Stenfort, l'auteur couronné d'un charmant ouvrage, les *Algues marines*, et la Société en confie le rapport à M. Daniel Fougère.

A quatre heures trois quarts, la séance est levée.

Le Président,
EUG. DE THIAC.

SÉANCE DU 15 DÉCEMBRE 1875.

PRÉSIDENCE DE M. EUG. DE THIAC,
PRÉSIDENT.

Le procès-verbal est lu et adopté.

M. LE PRÉSIDENT invite de nouveau ses collègues à provoquer autour d'eux de nouvelles adhésions. Nul, quand il s'agit de venir à nous, ne saurait arguer de son incompétence ; notre programme est ouvert à toutes les aptitudes, notre esprit répudie les luttes qui stérilisent et passionnent, et notre action s'étend à toutes les branches de l'activité humaine.

Il est ensuite procédé au vote sur les présentations de la

séance précédente. A la suite de scrutins successifs, MM. Arthur Amiaud, élève des hautes études à Paris ; Sureaud, notaire à Mareuil (Charente), et Albain Vignaud, propriétaire et négociant à L'Houmeau, sont proclamés par M. le Président membres de la Société.

MM. Gros-Duvignaud et Adhémar Sazerac de Forge présentent M. Jean Lafond, propriétaire au Maine-Lafont, commune de Voulgézac, canton de Blanzac.

Il sera statué sur cette présentation dans la prochaine séance.

M. LE PRÉSIDENT appelle l'attention de l'assemblée sur le concours hippique. Il dit que la Société a toujours pour but de favoriser la vente des jeunes poulains, et que pour l'atteindre elle ne ménagera aucun effort. Tous les hommes compétents sont d'avis que la Charente est dans de bonnes conditions pour faire naître le cheval, mais que la constitution de son sol ne lui permet pas d'élever partout avec profit. Tant que le poulain est avec la mère et se nourrit de son lait, il prospère, prend un développement normal et ne coûte rien à nourrir ; du jour où on l'en sépare, une nouvelle existence commence pour lui ; il lui faut l'espace, le pâturage frais et abondant, un sol propice à ses membres délicats. S'il a tout cela, il donnera profit à l'éleveur, parce qu'il acquerra tout son développement ; si une seule de ces conditions lui manque, quels que soient d'ailleurs les soins qu'on apporte à son éducation, il est à peu près certain que l'on n'en obtiendra qu'un cheval taré.

Notre intérêt bien compris nous commande donc de faire naître le plus que nous pourrons et de vendre à la période la plus rapprochée du sevrage. Trop de propriétaires cèdent au décevant espoir de *finir* un poulain qui promet, et se découragent ensuite après leur insuccès. Ils feraient naître encore s'ils eussent mieux compris les conditions de l'élevage. Si la Société, aidée par les hommes de bonne volonté, parvient à créer à Angoulême un marché aux poulains fréquenté par les éleveurs des départements voisins, elle aura rendu un service réel au pays. Espérons donc que nos intentions seront comprises et que nos conseils seront entendus.

M. Gros-Duvignaud ne serait pas partisan de la distribution des primes aux animaux vendus, car on sera constamment en butte à la mauvaise foi, ou, alors, ajoute M. Gros-Duvignaud, de bien grandes précautions devront être prises pour éviter les ventes simulées.

M. le Président dit que le programme répond suffisamment à l'objection et que toutes les mesures propres à assurer la sincérité des transactions seront prises.

Sur la proposition de M. le Président, l'assemblée adopte les résolutions suivantes :

1° Le concours aura lieu dans la matinée du second jour des courses d'Angoulême ;

2° Une commission sera chargée de décider à quels animaux les primes pourront être accordées ;

3° Les primes seront accordées aux animaux vendus et placés dans de bonnes conditions d'élevage.

M. le Président communique à l'assemblée les dates des divers concours d'animaux gras dans les départements qui nous entourent.

La parole est à M. Clément Prieur pour la lecture de son compte-rendu du congrès interdépartemental du Phylloxera, qui a eu lieu à Bordeaux du 1er au 4 de ce mois.

Après cette lecture, l'assemblée vote l'insertion du rapport dans les *Annales* de la Société.

M. Lajeunie demande à l'assemblée de vouloir bien prendre une décision analogue à celle qu'a prise le conseil général dans sa dernière session, en désignant quelques membres de la Société qui se joindraient à la commission du conseil général dans le but de faire des expériences sur la culture des cépages américains.

M. LE PRÉSIDENT croit que la Société doit apporter la plus grande réserve dans ses décisions à l'égard de la culture des cépages américains dans notre région. Le sol et le climat des vignobles du Midi où cette culture a été entreprise diffèrent essentiellement de notre sol et de notre climat; c'est là un premier point. En second lieu, avant que d'entreprendre cette grande révolution viticole que des hommes, d'ailleurs très compétents, comme M. Fabré et autres, nous recommandent, il y aurait lieu de savoir jusqu'à quel degré la qualité de nos produits en pourrait être altérée ou simplement modifiée.

M. DUFRESSE DE CHASSAIGNE redoute l'introduction dans la Charente des plants américains, au point de vue de la propagation du Phylloxera.

M. LAJEUNIE répond que les précautions que la commission du conseil général se propose de prendre sont de nature à enlever tout sentiment d'inquiétude à cet égard.

M. Lajeunie continue en donnant lecture de quelques passages de son rapport à la commission du conseil général, et termine en proposant à l'assemblée d'en adopter les conclusions.

M. ADHÉMAR SAZERAC DE FORGE, vice-président, ajoute que la commission qui sera formée n'aura pas pour objet unique l'étude des cépages américains, mais qu'elle aura aussi pour mission d'étudier tous les moyens qui seraient susceptibles de rendre des services contre les progrès de l'invasion phylloxérique.

M. GUÉRIN demande à compléter la proposition de M. Lajeunie par le vœu suivant, qu'il soumet à l'appréciation de ses collègues :

« Qu'il plaise à M. le ministre de l'agriculture de donner des instructions à MM. les préfets, afin que les viticulteurs puissent s'approvisionner librement de plants américains. »

Après une discussion à laquelle prennent part M. LE PRÉSIDENT, MM. ADH. SAZERAC DE FORGE, GUÉRIN, LAJÉUNIE et CLÉMENT PRIEUR, l'assemblée vote les conclusions suivantes, proposées par M. Lajeunie :

1° Achat, s'il est possible, d'un millier de plants non racinés (sarments de la dernière taille) de chacun des cépages suivants : 1° Cunningham ; 2° Herbemont; 3° Lénoir ; 4° Clinton ; 5° Taylor ; 6° Cordifolia solonis ; 7° Jacquez, et distribution de ces plants entre un certain nombre de propriétaires qui seront désignés tant par la commission que par M. le préfet et la Société d'agriculture, avec obligation pour les propriétaires de les cultiver suivant le programme indiqué plus haut et sous la surveillance de l'autorité qui les aura désignés ;

2° Prière à M. le préfet :

1° De demander une allocation à M. le ministre de l'agriculture, qui en a donné à plusieurs départements phylloxérés. Cette allocation serait jointe au crédit de la commission ;

2° De lui demander de comprendre le département de la Charente parmi ceux qui auront part à la distribution des plants américains qui doivent venir d'Amérique par la voie diplomatique ;

3° De lui demander de réglementer le transport des plants de vigne de manière à ce que (sans porter atteinte à la légitime indépendance des départements qui, n'ayant pas le Phylloxera, répugnent à l'introduction des cépages étrangers sur leur territoire) ceux qui sont phylloxérés et veulent se procurer des cépages américains puissent le faire sans obstacles, même à travers les départements ou des interdictions ont été prononcées.

Le vœu proposé par M. Guérin est également adopté.

M. LE PRÉSIDENT donne lecture du compte-rendu fait par M. Dérivau sur l'ouvrage de notre collègue M. Mailfer, ouvrage intitulé : *De la démocratie en Europe.*

La lecture du travail de M. Dérivau est écoutée avec un très vif intérêt. L'assemblée en vote l'insertion dans les *Annales* de la Société.

M. DÉRIVAU annonce à l'assemblée qu'il donnera lecture, dans la prochaine séance, d'un travail sur le dernier ouvrage de notre autre collègue M. Amiaud, notaire à Vars.

M. MAURICE GIRARD demande à faire quelques observations sur quelques-unes des théories exposées au congrès interdépartemental de Bordeaux ; on n'a pas suffisamment élucidé la question de la régénération du Phylloxera. De tout ce que l'on a dit au sein du congrès, il ne résulte point que la régénération de l'espèce ne s'opère que par le Phylloxera ailé, et comme on ne saurait prendre trop de précaution, l'orateur recommande l'emploi des colliers agglutinatifs au collet des ceps.

M. LAJEUNIE demande à M. Girard s'il ne serait pas possible de hâter artificiellement l'éclosion de l'œuf d'hiver.

M. GIRARD répond affirmativement ; seulement rien ne prouve que l'on pût parvenir à faire développer l'embryon.

Rien n'étant plus à l'ordre du jour, la séance est levée à trois heures et demie.

Le Secrétaire général,

CLÉMENT PRIEUR.

MÉMOIRE SUR L'ALCOOMÉTRIE

PAR

M. ADRIEN BERNARD

EXTRAIT DU COMPTE-RENDU DE LA SÉANCE DE L'ACADÉMIE
DES SCIENCES DU 8 NOVEMBRE 1875

M. Berthelot présente, de la part de M. Adrien Bernard, agrégé de l'Université, professeur de physique et de chimie à Cognac, un très intéressant mémoire imprimé, sur l'*alcoométrie*.

Pour connaître la force alcoolique d'une eau-de-vie, on se sert d'aréomètres, dont les plus usités dans la ville de Cognac, centre important de production et d'exportation, sont le *Tessa*, l'hydromètre anglais ou « Sikes's hydrometer, » et l'alcoomètre français ou alcoomètre centésimal de Gay-Lussac.

M. Bernard fait dans son travail la monographie complète de ces instruments et précise leur degré de valeur.

Ainsi, il insiste sur le peu de précision qu'offre le *Tessa*, instrument absolument inconnu ailleurs que dans les Charentes. Il est regrettable que par habitude on se serve encore de cet instrument dans un pays qui n'a pas de rival au monde pour le commerce des eaux-de-vie. La seule pe-

lite ville de Cognac (13,000 habitants) a expédié en 1873,
en France 24,000 hectolitres, à l'étranger 175,000 hectolitres d'alcool pur, ce qui représente en eau-de-vie buvable
400,000 hectolitres.

Jarnac, petite ville de 5,000 habitants, a expédié en
France 12,284 hectolitres, à l'étranger 22,307 hectolitres
d'alcool pur. En tout, plus de 50 millions d'impôt pour l'alcool annuellement expédié par ces deux petites villes. On
peut juger par ces chiffres de ce que donnerait la statistique
complète des deux départements de la Charente et de la
Charente-Inférieure, dont la récolte en vin est en grande
partie transformée en eau-de-vie. Eh bien ! l'énorme quantité d'alcool ainsi expédiée sur tous les points du globe a été
achetée au Tessa.

Les points 0 et 10 du Tessa paraissent renfermer les limites en deçà et au delà desquelles l'eau-de-vie n'est plus
buvable. Le 0 marque le degré le plus faible des très
vieilles eaux-de-vie quand il fait très froid, et le 10e degré le
degré plus fort marqué en été par les cognacs fine Champagne récemment distillés. Il n'existe aucune table scienti-
fiquement calculée donnant les relations entre l'alcoomètre
Tessa et l'alcoomètre centésimal. C'est seulement vers le
4e degré Tessa qu'il y a une relation à peu près exacte avec
l'alcoomètre centésimal, à 2,5 degrés centésimaux.

Partout ailleurs, l'écart change sans cesse et grandit. Vers
le 12e degré Tessa, on rencontre jusqu'à 10 degrés centésimaux de différence, suivant les tables que l'on consulte.

Évidemment, c'est la confusion ; d'après la loi, les droits
ne sont perçus que d'après les indications de l'alcoomètre
centésimal. Mais comme le propriétaire ne déclare qu'en
degrés du Tessa, il faut bien que la régie transforme les
degrés du Tessa en degrés centésimaux. Aussi, quand on

vient à contrôler ensuite dans une autre ville, comme il n'y a aucun accord entre les diverses tables de conversion, on trouve des erreurs de plusieurs degrés en plus ou en moins. De là une source continuelle de procès.

M. Bernard donne un moyen de faire coïncider les degrés du Tessa avec les degrés centésimaux, tout en déclarant avec raison que l'usage du Tessa doit disparaître. Il faut adopter uniquement l'alcoomètre centésimal.

L'hydromètre de Sikes est principalement en usage en Angleterre et dans les colonies anglaises. Comme la ville de Cognac fait avec ces pays un commerce considérable, elle est obligée d'exprimer les quantités vendues en unités anglaises. L'unité anglaise n'est point le centième d'alcool pur, mais le centième d'un alcool à 57 degrés centésimaux environ appelé *proof spirit*, esprit de preuve. L'emploi de l'hydromètre est assez compliqué. Il n'existe qu'une seule table qui fasse accorder réellement les degrés de l'hydromètre anglais avec ceux de l'alcoomètre centésimal, c'est la table de MM. Ruau et Salleron, fondée sur le calcul des densités.

M. Bernard conclut son étude très approfondie en disant qu'il n'y a qu'une seule manière d'opérer rigoureusement, c'est d'évaluer le volume au moyen du poids et la force alcoolique au moyen de l'alcoomètre centésimal. Mais il importe de vérifier l'alcoomètre de temps en temps, comme on vérifie le mètre, le kilogramme, les balances, le litre, les monnaies, et d'avoir ici également un alcoomètre étalon sur lequel on puisse vérifier les alcoomètres du commerce.

Henri de Parville.

(Journal officiel.)

RAPPORT

SUR

LE CONGRÈS INTERDÉPARTEMENTAL DE BORDEAUX

POUR L'ÉTUDE DU PHYLLOXERA

PAR

M. CLÉMENT PRIEUR

Secrétaire général de la Société d'agriculture, sciences, arts et commerce
de la Charente

MESSIEURS,

Dans votre séance du 15 novembre dernier, vous délé-
guiez, sur l'invitation qui vous en était faite par M. le préfet, deux membres de notre association auprès du congrès
interdépartemental organisé à Bordeaux par l'initiative du
conseil général de la Gironde pour l'étude de la question du
Phylloxera.

Vos délégués, l'honorable M. Rogée et moi, se sont rendus à Bordeaux dans la matinée du 1er décembre et ont
assisté à l'ouverture du congrès, présidé ce jour-là par
M. Issartier.

Le programme du congrès comprenait trois questions principales :

1° De l'état actuel de l'invasion dans la Gironde et dans les départements voisins ;

2° De l'insecte, ses mœurs, ses transformations, ses migrations, etc., etc. ;

3° Des moyens de le détruire ou de s'en préserver.

Vos délégués, Messieurs, n'essaieront pas de faire passer sous vos yeux les longs débats auxquels ont donné lieu la plupart des questions soulevées au sein de cette assemblée. Ce compte-rendu a conservé la forme du procès-verbal, mais d'un procès-verbal succinct, d'où nous avons éliminé tout ce qui était susceptible d'allonger sans utilité notre récit.

D'ailleurs, la question du Phylloxera, depuis si longtemps rebatue, ne nous laisse plus de loisirs que pour l'étude des faits nouveaux, qui nous permettent d'entrevoir la possibilité de lutter avec avantage contre le fléau.

A ce titre surtout, les découvertes récentes de M. Boitaud sur les mœurs de l'insecte éveillaient dans l'assemblée un sentiment de curiosité qui excita dès le premier jour l'impatience de l'assemblée. C'était la grande attraction qui avait mis en mouvement, par ces rudes journées d'hiver, tant d'hommes remarquables par le savoir, tant de praticiens éclairés venus de tous les points du territoire ravagé pour chercher une arme nouvelle de combat.

M. Boitaud ne se présenta pas à la séance du 1ᵉʳ décembre, où a été traitée la première question du programme : *De l'état actuel de l'invasion.*

Cette séance fut, du reste, consacrée tout entière à une sorte de statistique de l'invasion dans le Sud-Ouest. Pour la Gironde, M. LE DOCTEUR AZAM fait remonter l'époque de l'invasion à 1868. Ce département compte actuellement 204 communes envahies ; l'arrondissement de Libourne est le plus maltraité. La direction des vents, la constitution géologique du sol, le mode de culture influent-ils sur la marche du fléau et sur son développement ? Autant de questions toujours posées, mais non résolues. On serait porté à croire à première vue que les vents dominants accentuent davantage l'envahissement dans le sens de leur direction. A la rigueur, nous en trouverions un exemple dans la Charente, où les vents d'ouest dominent à certaines époques de l'année ; mais on ne saurait répondre à cette question sans en poser immédiatement une autre. Si le Phylloxera, en effet, nous est venu de la Charente-Inférieure, qui est limitée à l'ouest par la mer, par quelle frontière aurait-il donc pénétré dans ce dernier département ? Il nous semble à nous, et vous nous pardonnerez d'exposer dans un compte-rendu une opinion personnelle, il nous semble que le Phylloxera agit à la manière des épidémies ; il va à l'étourdie, où il est porté par un courant quelconque qui coïncide avec sa mue ; il va de çà, de là, créant simultanément de nouveaux points d'attaque, puis irradiant dans les périmètres de ces centres d'action multiples jusqu'à ce qu'il ait fait des cadavres de cette multitude de ceps, l'espoir du vigneron, la richesse du pays, naguère encore si luxuriants de végétation.

Des faits exposés au congrès, il résulterait également que la constitution géologique du sol n'exerce pas d'influence appréciable sur la marche du fléau. L'insecte opère dans tous les terrains, calcaires, argileux, cailiouteux ou d'alluvion. Il est à peu près certain, cependant, qu'il ne s'accommode pas des sables fins, purs et mouvants, cela tombe même sous le sens ; mais la vigne non plus ne s'accommode pas de semblables terrains. On peut dire, sans crainte de se tromper, que le Phylloxera peut vivre et se développer partout où la vigne peut produire et mûrir ses fruits. C'est la loi du parasitisme qui s'impose à tous les végétaux, à tous les êtres organisés.

Quant à l'influence du mode de culture, il serait impossible d'édicter des lois à ce sujet ; ce qu'il est permis de dire cependant, et ce que l'on ne saurait trop répéter, c'est que les soins apportés à la culture de la vigne lui permettent de mieux résister aux déprédations de l'insecte.

Dans cette séance du 1er décembre, M. LE DOCTEUR MENUDIER est venu faire le tableau des dommages éprouvés par la Charente-Inférieure.

Ce département compte 1,200 hectares de vignes détruites et 600 hectares de vignes très compromises. Les trois arrondissements qui occupent la zone méridionale : Saintes, Jonzac et Marennes, sont les plus compromis ; ceux de La Rochelle, Rochefort et Saint-Jean-d'Angély sont encore à peu près indemnes.

M. MOUILLEFERT a soutenu l'origine américaine de l'insecte et a suscité les réclamations de M. Laliman dans le sens inverse. M. Mouillefert cite de nombreux exemples à l'appui de son dire, et notamment celui de Cognac, où les Labrusca de M. Ferrant, pépiniériste, auraient produit les effets désastreux que nous connaissons. MM. Laliman et Ferrant donnent une longue nomenclature de faits qui sont de nature à détruire ce qu'ils appellent un préjugé. M. Ferrant cite notamment un cépage, le Tokanett, dont les racines sont mêlées aux racines de plants français ; or, les racines de ces derniers sont infestées de Phylloxeras, alors que les racines du cépage américain sont indemnes. Comment donc un cépage sur les racines duquel l'insecte ne peut vivre pourrait-il être accusé de l'avoir introduit chez nous ?

M. Marès donne à l'assemblée des renseignements sur les progrès du fléau dans le département de l'Hérault. C'est surtout en 1873 que le préjudice devint très sensible sur la récolte. En 1875, l'insecte s'est propagé dans des proportions énormes, et l'on procède partout à l'arrachage des vignes. Les charrettes, dit M. Marès, se succèdent à l'entrée de nos villes chargées de vignes mortes, et comme indice de l'acuité de cette mortalité effrayante, l'orateur cite le bas prix des souches, qui est descendu à 60 c. les 100 kilogrammes. Le grand vignoble de Béziers, qui forme à lui seul la moitié de tout le vignoble de l'Hérault, est couvert de points d'attaques et va prochainement disparaître si un prompt remède n'y est apporté.

Les délégués de la Dordogne, du Lot-et-Garonne, de l'Aveyron, du Rhône, de l'Isère, se succèdent à la tribune et donnent des indications desquelles il résulte que ces départements sont atteints à des degrés divers. Nous relevons cette particularité que, dans le département du Rhône, au dire de M. Terrel des Chênes, les points atteints restent circonscrits, et que, depuis trois années, on n'a pas connaissance d'une tache nouvelle. Il en serait de même dans Saône-et-Loire, où un seul point d'attaque se serait manifesté sans nouvelle extension.

Une discussion intéressante s'est engagée sur l'insecte et ses mœurs entre MM. le comte de La Vergne, Mouillefert et Karl Vogt, délégué du gouvernement suisse.

M. de La Vergne critique la théorie exposée par M. Mouillefert sur la division de l'insecte en deux générations sexuées. M. Balbiani lui-même, dit l'orateur, en est arrivé au doute sur cette question, et il y a lieu de croire que ce savant reviendra bientôt à une théorie plus en rapport avec les données de la physiologie générale.

M. Mouillefert réplique que sa conviction est bien faite sur ce point ; il cite à l'appui de sa thèse des faits pris dans la Gironde même. Quant à l'opinion de M. Balbiani sur la génération sexuée des racines, elle est assez connue, et l'orateur se bornera à ajouter qu'elle est conforme à celle des entomologistes les plus éminents.

M. Karl Vogt dit que M. Balbiani a pu fonder un système sur deux générations parthénogésiques, mais que l'on n'a pas de preuves que ces deux générations ne puissent se suffire elles-mêmes. L'orateur cite ce fait signalé par M. Gaston Bazile, qui a trouvé des racines couvertes de Phylloxeras dans une vigne arrachée depuis quatre ans et convertie en luzerne. Ce même fait s'est reproduit à Genève sur une vigne infestée, puis arrachée, et où l'on trouvait des Phylloxeras un an après sur des tronçons de racines qui n'avaient pas suivi à l'arrachage. La question est celleci, dit M. Karl Vogt : Les œufs déposés par les individus parthénogésiques sont-ils le résultat de la fécondation ou non ? On ne peut pas encore affirmer. La génération des légions hippogées ou souterraines ne peut-elle pas se perpétuer parthénogésiquement ? Est-ce un fait normal ? Est-ce un fait exceptionnel ? Il serait heureux que l'on pût répondre affirmativement sur cette dernière question, car l'œuvre de la préservation en serait considérablement simplifié ; mais dans l'état actuel des études scientifiques, il n'est encore permis de rien affirmer.

M. S. Monti (Charente-Inférieure) dit qu'il habite la commune la première infestée de ce département et qu'il n'y a de vignes américaines ni dans cette commune ni dans les communes limitrophes.

SÉANCE DU 2 DÉCEMBRE.

Présidence de M. RÉGIS.

2ᵉ QUESTION : *De l'insecte, ses mœurs, etc.*

Au début de la séance du 2 décembre, un de vos délégués donne des renseignements sur la marche du fléau dans la Charente. Votre délégué a pu dire que, sur cinq arrondissements, la Charente en avait quatre d'atteints ; que le fléau, venant de la Charente-Inférieure, marchait sur un vaste front du sud-ouest au nord-est ; que la ligne d'envahissement se reliait, au sud, par le canton de Lavalette, aux points envahis de la Dordogne, qui se relient eux-mêmes à ceux de la Gironde et du Lot-et-Garonne ; que cette ligne se prolongeait au nord par toutes les communes comprises entre le canton de Lavalette et celui d'Aigre, limitrophe du département des Deux-Sèvres ; que l'insecte exerçait particulièrement ses ravages sur deux points principaux : ceux de Cognac et ses environs et de Vaux-Rouillac. Il a pu exprimer le regret qu'une statistique exacte des communes et des points contaminés manquât encore dans notre département, mais en laissant entrevoir que cette lacune serait comblée dans l'année qui va commencer par les soins de la Société d'agriculture, de plus en plus émue de l'imminence du désastre qui menace notre riche vignoble.

M. MAURICE GIRARD est venu compléter ces renseignements en signalant l'extension du fléau vers le département des Deux-Sèvres, qu'il a entamé par la commune de Loubillé. L'Académie des sciences, a ajouté M. Girard, ne s'occupe point de la question de savoir si le Phylloxera a été introduit en France par une cause ou par une autre ; ce qui est certain, c'est qu'il est chez nous, et ce qui importe, c'est de le combattre.

M. LE COMTE DE LA VERGNE ramène la discussion sur le mode de reproduction de l'insecte et rappelle que M. Balbiani a découvert des mâles sur les racines ; cette déclaration établirait donc que la génération sexuée hippogée peut être fécondée.

M. VOGT interrompt l'orateur pour dire que la génération extérieure n'est pas sexuée.

M. DE LA VERGNE ajoute que les individus ailés déposent des œufs qui donnent des Phylloxeras mâles et femelles. Il y a lieu d'espérer, dit en terminant M. de La Vergne, que les générations hippogées (souterraines) ne peuvent se reproduire, et qu'en détruisant le Phylloxera qui vit à air libre, on couperait court à la propagation du fléau.

M. TERREL DES CHÊNES dit que l'hypothèse de deux générations sexuelles, l'une souterraine, l'autre aérienne, tendrait à établir que nous avons affaire à deux espèces, ce qu'il ne saurait admettre.

M. BOITAUD demande enfin la parole. Cet observateur intelligent fait simplement et avec clarté l'exposé de ses observations et des conclusions auxquelles il a été naturellement conduit. C'est le 23 août, dit M. Boitaud, que je découvris pour la première fois des Phylloxeras ailés sur les feuilles de la vigne ; à la suite d'observations répétées, j'acquis bientôt la certitude que l'insecte déposait ses œufs aux angles des nervures des feuilles, et quelques jours plus tard je pus en découvrir sous l'écorce des ceps. M. Balbiani en a même découvert dans le duvet cotonneux des bourgeons.

Il y avait à savoir si le Phylloxera ailé pouvait passer l'hiver sur les ceps, si les œufs déposés pouvaient en supporter les intempéries, si, enfin, la régénération de l'espèce s'opérait exclusivement par l'insecte ailé ; c'était évidemment là la question capitale au point de vue de sa destruction.

Pour cela il importait d'abord de savoir si la reproduction de la génération hippogée (souterraine) était susceptible, comme on l'avait avancé, de se reproduire par elle-même ; or, le 20 novembre, M. Boitaud trouva des œufs d'aptères, et voici ce qu'il observa : ces œufs ne pouvaient pas être confondus avec ceux des insectes ailés, ni dans leur forme ni dans leur nuance. Ces différences n'indiqueraient-elles pas des aptitudes diverses ? Quelques jours après ces dernières observations, M. Boitaud, poursuivant ses études, constata que les insectes éclos avaient quitté les feuilles de la vigne, et à la suite de recherches minutieuses il parvint à les découvrir tous logés aux collets des ceps, à l'affleurement du sol. Il se pourrait donc que ces individus communiquassent dans cet état avec les générations hippogées et les fécondassent. M. Boitaud se propose de poursuivre ses recherches, dont il s'empressera de publier les résultats ; mais, dès aujourd'hui, il se croit autorisé à dire qu'il est probable que le progrès de l'invasion provient uniquement de l'insecte ailé.

A la suite de questions posées, M. Boitaud répond qu'il a vu éclore les œufs des Phylloxeras ailés. Ces œufs produisent des mâles et des femelles ; les œufs qui donnent naissance aux mâles sont plus petits que les œufs femelles. L'insecte éclos descend vers la partie inférieure du cep ou suit les vieux bras dont l'écorce sexfolie. Ces insectes, d'ailleurs, vont et viennent, les sexes se rapprochent ; les femelles fécondées pondent où elles se trouvent, puis meurent. On trouve fréquemment des groupes de femelles mortes sous les écailles du bois ; ce sont des femelles qui n'ont pas été fécondées. L'insecte, du reste, dépose ses œufs un peu partout ; s'il est libre, il choisira toujours un milieu favorable à sa progéniture ; s'il ne l'est pas, il pondra bien, sans doute, mais presque toujours un œuf stérile.

M. BALBIANI a vu à Cognac un mâle ailé ; mais, selon M. Boitaud, c'est un fait isolé ; le mâle ailé meurt aussitôt l'accouplement.

L'orateur n'a jamais vu d'aptères cheminant sur le sol ; il ne croit donc pas, malgré l'opinion exprimée par M. Faucon, que la propagation se fasse par l'aptère ; c'est par les plants enracinés et même par de simples boutures, c'est par l'œuf d'hiver, dont l'existence est aujourd'hui prouvée. Ainsi, dans des plantations en terrain neuf, on a trouvé des Phylloxeras dès la première année ; c'est que l'on avait employé des plants qui portaient des œufs d'hiver. On a vu des Phylloxeras éclore même sur des plants stratifiés.

Maintenant, le Phylloxera des feuilles est-il le même que celui des racines ? Les expériences de MM. Balbiani et Cornu sont connues de tous, et les faits établissent suffisamment que les deux insectes peuvent vivre d'une vie indépendante.

M. MARÈS maintient que l'insecte aptère chemine sur le sol ; le fait a été constaté par M. Faucon et par l'orateur dès 1872.

Un membre de l'assemblée ajoute tenir de M. Faucon qu'à certaines époques de l'année on voyait les Phylloxeras ailés et les Phylloxeras aptères émerger du sol par quantités à peu près égales.

M. MENUDIER cite un cas d'infection par l'usage d'une charrue qui aurait opéré sur une vigne saine après avoir opéré dans une vigne malade.

L'assemblée aborde ensuite la troisième question du programme : *Des moyens de détruire le Phylloxera ou de s'en préserver.*

M. JULLIEN demande à donner lecture à l'assemblée d'un travail qu'il a adressé à l'Académie des sciences sur les semis de vignes au point de vue de la régénération de l'arbuste et d'une plus grande résistance aux déprédations de l'insecte.

M. BOUCHET, lui, n'est pas partisan des semis, parce que l'on obtient par ce procédé autant de variétés que de boutures, et parce que aussi, d'après l'expérience acquise, les plants de semis, plus vigoureux d'abord, périssent plus tôt ensuite.

M. PIOLAT cite l'exemple de vignes obtenues par semis qui ont succombé plus promptement que des vignes d'à côté obtenues par boutures.

M. BAUDRIMONT se dit en possession d'un procédé de destruction qu'il fera connaître si les expériences qu'il en va faire répondent à ses espérances et à ses désirs. Cet honorable membre, qui est professeur à la Faculté des sciences de Bordeaux, indique en passant, comme moyen économique et facile à employer, les sulfocarbonates, leur mélange avec le plâtre.

Entre temps, quelques membres du comice agricole de Créon viennent proclamer les insuccès et les échecs répétés des essais faits avec les sulfocarbonates. Toutes les précautions ont été prises, dit M. KOWSKI ; les frais de transport des eaux d'arrosement, les frais énormes de la main-d'œuvre, rien n'a été épargné ; tout a échoué.

M. MENUDIER réplique qu'apparemment les sulfocarbonates réussissent mieux dans la Charente-Inférieure que dans la Gironde. L'orateur cite des expériences qui ont donné d'excellents résultats.

SÉANCE DU 3 DÉCEMBRE.

Présidence de M. le docteur Azam.

M. Mouillefert complète ses renseignements sur l'emploi des sulfocarbonates ; il insiste sur l'efficacité des sulfocarbonates et cite particulièremens l'expérience de Ludon, en Médoc, en affirmant que si les résultats n'ont pas été très concluants quant à la destruction de l'insecte, du moins on a pu constater que la vigne était revenue à la santé. Dans l'Hérault, à Las-Sorres et ailleurs, les mêmes constatations ont pu être faites, et l'expérience de Créon ne saurait prévaloir contre tant d'autres qui autorisent à affirmer le contraire.

On semble, en outre, exagérer comme à plaisir le coût de l'opération du sulfocarbonatage. La main-d'œuvre revient, dans la Charente, à 200 fr. par hectare et les sulfocarbonates, pour la même superficie, à 500 fr. : voilà la vérité. Ajoutons, dit l'orateur, que cette substance est descendue à 85 fr. et bientôt à 80 fr., et qu'il ne faut pas désespérer de la voir descendre à un prix bien inférieur lorsque l'industrie sera suffisamment outillée. Les moyens préventifs, les cépages américains, tout cela peut être essayé. Il ne faut pas être exclusif; mais il serait déplorable que l'on rejetât sur des indications peu fondées un des moyens les plus énergiques contre le Phylloxera.

MM. Lacroix et de La Vergne fournissent des arguments en faveur des sulfocarbonates. Le premier prétend qu'ils dégagent des gaz asphyxiants qui ajoutent à leur efficacité et cite des faits à l'appui. Le second, répondant aux critiques auxquelles ont été en butte les sulfocarbonates dans le département de la Gironde, revient à l'expérience de Ludon pour confirmer ce qu'en a dit M. Mouillefert. L'orateur a suivi cette expérience avec sollicitude ; il n'a constaté sur les racines que des insectes morts. A la Société d'agriculture de la Gironde, on sait ce qui s'est passé : une personne sans autorité dans la matière a vu, paraît-il, un œuf pondu par une Phylloxère, mais au moins cette pondeuse était bien morte et l'œuf était sorti d'un cadavre. La quantité des insectes morts sur les ceps observés était considérable à toutes les profondeurs, et le dégagement de sulfure de carbone, que l'on voudrait nier, était si évident que ce dégagement se manifestait sur les feuilles. Maintenant, est-ce à dire que les sulfocarbonates nous suffisent dans la campagne que nous poursuivons contre le Phylloxera? Évidemment non. S'il faut au moins deux ans à l'insecte pour amener la vigne à cet état chétif qui dénonce sa présence sur les racines, ne faut-il pas admettre la possibilité de le combattre avec assez de succès pour donner à la vigne le temps de reprendre ses forces et de continuer à nous rendre les services que nous lui demandons? Ne rejetons donc aucun remède par pur esprit de méfiance.

Si aujourd'hui que, grâce aux observations de MM. Boitaud et Balbiani, nous sommes mieux fixés sur les mœurs du Phylloxera ailé, nous parvenons à découvrir un moyen économique de détruire les œufs d'hiver, nous avons déjà les sulfocarbonates pour combattre le développement des générations hippogées, et, dès lors, nous voici presque suffisamment armés contre le puceron destructeur.

M. MARÈS dit que la commission de l'Hérault a fait quatorze applications des sulfocarbonates, mais que cette commission n'a pas encore conclu. M. Marès est étonné des affirmations que l'on a apportées à la tribune sur ces expériences.

L'orateur dit avoir fait usage du sulfocarbonate solide. Cet agent tue toujours des Phylloxeras, mais il ne les tue jamais tous. Son application provoque toujours une émission de racines nouvelles. Ce résultat est énorme, il ne faut pas le perdre de vue. Mais on ne peut juger de l'effet du remède dès aujourd'hui; l'expérience n'est pas faite. Réservons nos opinions, et dès l'an prochain, peut-être, nous pourrons conclure avec des faits plus probants.

L'orateur rend compte des expériences de la commission de l'Hérault. Ces expériences ont porté sur cent quarante procédés, sans qu'il ait été possible aux expérimentateurs de conclure en faveur d'un seul. Le système suivi à Las-Sorres, et qui consiste à combiner les insecticides avec les engrais, est celui qui doit être recommandé de préférence. Quelques cépages, tels que le Colombo et le Picardin, résistent trois ou quatre années de plus que les autres cépages cultivés dans le Midi. Les treilles qui ne reçoivent aucune culture, la vigne sauvage résistent au Phylloxera.

M. Terrel des Chênes demande si le moment n'est pas venu de faire disparaître tout le vieux bagage phylloxérique pour entrer dans une voie nouvelle. Ce congrès n'est pas une académie. Nous sommes des praticiens, restons des praticiens. L'orateur est d'avis que tous les moyens proposés jusqu'ici ont échoué; il voit la cause principale des échecs répétés auxquels nous avons assisté dans le *modus vivendi* de l'insecte. Pendant que nous l'attaquions, en effet, dans ses générations hippogées, il se propageait par la voie aérienne.

Il y a deux mille ans que Strabon signalait la présence d'un insecte qui des racines de la vigne remontait aux feuilles. L'orateur établit par des citations que la découverte de l'existence aérienne n'est pas nouvelle. Dès 1873, il la signalait lui-même.

Toutefois, l'orateur s'empresse de rendre hommage aux travaux de MM. Balbiani et Boitaud. Puis, continuant, il rappelle les épreuves par lesquelles sont passées, vers 1836 à 1840, les vignes du Beaujolais, que dévastait la pyrale. Benoît Raclet, un modeste vigneron, imagina alors l'échaudage des ceps, et la vigne fut sauvée. L'échaudage revient à 60 fr. par hectare. La pyrale à l'état de larve est un insecte microscopique, et le même procédé appliqué à l'automne détruirait infailliblement toutes les larves, tous les œufs de Phylloxeras ou autres insectes qui seraient déposés sur la charpente des ceps. L'orateur ajoute que l'on pourrait faire dissoudre dans l'eau bouillante un insecticide quelconque, de manière à donner au remède une efficacité plus grande.

M. BOITAUD, répondant à une question, dit que le Phylloxera part d'un œuf unique pour revenir à un œuf unique. Combien de temps peut vivre la génération hippogée? C'est ce que l'on ignore encore. Mais pour ce qui est de l'existence de l'insecte ailé, elle est limitée à la période que l'orateur vient d'indiquer.

Sur la question de priorité, M. Boitaud ne fera qu'une observation : M. Terrel des Chênes a dit que la constatation du Phylloxera ailé n'est pas nouvelle; nous le savions tous. La découverte n'est pas là, elle est tout entière dans le mode de reproduction. Au lieu de se borner à dire, il y a deux ans : Il y a des Phylloxeras ailés, M. Terrel des Chênes aurait mieux fait d'étudier l'insecte à cet état, car la viticulture en serait peut-être arrivée déjà au succès.

L'orateur examine les moyens de combattre l'insecte dans ses deux états. Pour détruire plus sûrement l'œuf d'hiver, qui se trouve sous l'écorce exfoliée des bras et du collet, il faudra commencer par décortiquer ces parties des ceps.

Il y aura nécessité pour la première année de ramasser l'écorce qui sera le produit de ce décorticage dans les vignes phylloxérées, puis de la brûler.

Pour décortiquer, on peut se servir de petites chaînes que l'on manœuvre en leur imprimant un mouvement de va-et-vient, ou de gants armés. M. Boitaud croit que le moment le plus propice pour attaquer l'œuf, c'est la période embryonnaire, c'est-à-dire quelques jours avant l'éclosion. Il place en première ligne, comme moyens de destruction :

1° Les huiles lourdes de goudron de gaz mélangées d'eau de chaux (une partie d'huile pour huit de lait de chaux). Le prix de revient est de 5 à 6 fr. par hectare ;

2° Après les huiles lourdes, vient le coaltar mélangé avec une solution de chaux très concentrée ;

3° Le polysulfure de calcium ; formule : un volume de chaux éteinte, quatre volumes de soufre ; on fait bouillir une heure. Cette liqueur, étendue d'eau au 20°, est encore très efficace. Prix du revient, 5 fr. l'hectare ;

4° Sulfate de cuivre dissous dans l'eau au 300ᵉ ;

5° Sulfocarbonate de potassium ;

6° Et enfin l'eau bouillante, à raison de 2,500 litres à l'hectare. Frais, 34 à 35 fr. par hectare.

D'après les calculs de M. Boitaud, les frais de traitement s'établiraient, pour un hectare, ainsi qu'il suit :

Décorticage....................................	30 f.
Badigeonnage...................................	16
Valeur moyenne de la matière employée.........	8
TOTAL....................	54

Dans les lieux envahis, dit en terminant l'orateur, il y aura toujours avantage à combattre les insectes logés souterrainement.

M. Jouvin, président de la Société d'agriculture de Rochefort, dit que l'homme n'est pas si innocent qu'on se l'imagine généralement des maux qui lui arrivent. Ainsi, on a planté un peu partout sans discernement ; on surmène, en outre, la vigne par la culture. Plus nous avançons vers la perfection culturale et plus nous nous éloignons de l'état de nature. D'où il suit que nous arrivons au développement excessif de la partie charnue des fruits au détriment des pépins, c'est-à-dire de la semence, qui s'atrophie.

L'orateur voudrait que l'on ramenât la vigne à son état normal, elle résisterait mieux au parasitisme.

Vous remarquerez, Messieurs, qu'en rapporteur fidèle. nous nous attachons surtout à vous donner la physionomie exacte de ces intéressants débats. La voie des digressions et des commentaires nous eût mené trop loin. Nous aurions pu cependant, en maints endroits, relever des erreurs ou commenter des propositions que la réflexion n'a pas suffisamment mûries. Ainsi, lorsque M. Jouvin nous propose de ramener la vigne à son état normal, qu'est-ce que cela veut dire ? Lorsque son esprit philosophique s'exerce à blâmer la perfection de la culture, que répondre ? Autant vaudrait dire : *Ramenez-nous aux carrières*, c'est-à-dire aux forêts vierges, à la vigne de Noé.

M. Jouvin a indiqué le sublimé corrosif comme un insecticide à essayer.

M. LE DOCTEUR PLUMEAU vient ensuite entretenir l'assemblée des moyens qu'il lui semblerait utile d'employer pour sauver le Médoc. L'arrachage, le brûlis, la formation d'une association syndicale sont les moyens qu'il indique.

M. KARL VOGT, qui a surveillé les travaux de préservation exécutés à Praigny, en Suisse, déclare que ces opérations, suivies avec soin, n'ont donné aucun résultat satisfaisant. On a arraché, brûlé, formé des tranchées circulaires, rien n'y a fait, et le Phylloxera se montre dans ce vignoble en aussi grand nombre que jamais. Cette année, on a recommencé ; mais l'orateur doute du succès, et cependant le canton de Genève, qui compte 90,000 habitants, aura dépensé pour cet objet une somme de 100,000 fr.

SÉANCE DU 4 DÉCEMBRE.

Présidence de M. Azam.

Cette séance a été presque exclusivement consacrée à l'étude des cépages américains.

Dès le début, M. Baudrimont examine quelques-uns des moyens curatifs proposés dans la séance précédente, mais nous n'apercevons pas qu'il propose rien pour son popre compte.

M. de La Vergne revient à l'emploi du coaltar pour badigeonner les ceps. Mais comme la fabrication de ce produit est forcément limitée, il faudrait que l'on recourût aux gaz asphyxiants ; cela rendrait le décorticage inutile.

Sur la proposition de M. Lacroix, l'assemblée émet le vœu suivant :

« Que le décorticage et le badigeonnage des ceps soient recommandés avec instance à tous les propriétaires de vignes atteintes ou menacées, et que ces opérations soient pratiquées d'ici le printemps prochain. »

L'assemblée adopte également ce vœu :

« Que des syndicats soient formés dans le but d'arriver à l'entente commune pour se protéger contre les atteintes du Phylloxera.

« Et enfin que toute latitude soit laissée au propriétaire pour s'approvisionner de plants américains. »

Les petits oiseaux ont été chantés par une femme, Mme Amélia Bompar, qui réclamait depuis deux jours le privilége de parler en leur faveur.

Puis est venu le long défilé des cépages américains et de leurs propagateurs. MM. Lacroix, Bouschet, Ramat, Bouisset, Fabre, Laliman, Hortalès sont venus successivement rendre compte des essais tentés, des résultats obtenus, du degré de résistance et de la qualité des produits des cépages essayés. Les Clintons, les Herbemont, les Cunningham, les Jacquez, les Lenoir ont été préconisés à des titres divers.

Les cépages américains commencent à jouer un rôle dans nos vignobles méridionaux. Les viticulteurs émérites de cette contrée, en présence des échecs succesifs des insecticides et des progrès prodigieux de l'infection phylloxérique, sont tout près de considérer la substitution des cépages américains aux cépages français comme l'unique voie de salut.

C'est là l'opinion d'hier, c'est encore l'opinion d'aujourd'hui. Sera-ce l'opinion de demain? Il ne faut pas se dissimuler que les récentes découvertes de MM. Boitaud et Balbiani sont susceptibles de modifier la situation par la perspective d'une lutte plus efficace. Mais si l'insecte, pourtant, déjouait encore une fois les calculs de la science?

Si, grâce à l'immunité dont le Phylloxera a joui jusqu'ici et dont il est en partie redevable à ses dimensions microscopiques, qui en rendent l'étude si difficile, même aux entomologistes les plus consommés ; si, disons-nous, cet aphidien continuait à ravager nos vignobles, sans souci de notre persévérance et de nos efforts à le combattre, pourrions-nous récuser sans examen sérieux un seul des moyens qui nous sont offerts pour nous sauver ?

Évidemment non. Nous aurons donc à entreprendre chez nous les expériences qui sont tentées ailleurs, mais avec la prudence qu'un sujet si grave commande. Votre commission du Phylloxera, qui a pour mission de se livrer à des essais sur les moyens propres à combattre le fléau, ne doit repousser que ceux que le bon sens condamne ; à plus forte raison doit-elle accepter avec empressement ceux qui, comme l'emploi des cépages américains, se recommandent par des faits acquis et par la notoriété de leurs auteurs.

En résumé, Messieurs, le congrès de Bordeaux semble avoir répondu, dans ses résultats, à l'intention de ceux qui l'ont organisé. On n'y allait pas chercher le remède au fléau dont les progrès soulèvent tant d'inquiétudes ; ce remède, il ne faut pas le chercher dans les polémiques, ni dans les réunions d'hommes ; il sera le fruit, si jamais on le trouve, de l'étude patiente, de la pratique éclairée par les données de la science. Ce que l'on allait chercher à Bordeaux, et nous pouvons ajouter ce que l'on y a trouvé, c'était la confirmation par des témoins oculaires du degré d'intensité de l'invasion dans les départements contaminés, c'était le contrôle de faits avancés par les uns et niés par les autres, c'était un peu de lumière dans ce chaos.

Le congrès de Bordeaux a eu au moins ce résultat de voir fondre à la chaleur de la discussion nombre de systèmes enfantés par l'esprit de spéculation et préconisés par l'intérêt. On peut dire que ce congrès a, au moins, déblayé le terrain sous ce rapport, et, à ce seul titre, il aurait déjà rendu un service signalé à la viticulture.

D'un autre côté, il était utile que les découvertes récentes faites dans l'arrondissement de Libourne vinssent s'affirmer devant un public nombreux et compétent. Nous avons vu exposer la théorie nouvelle de la régénération de l'espèce ; la démonstration a été simple, claire, convaincue. L'esprit de contradiction, toujours aux aguets, a pu faire ses réserves, mais n'a formulé aucune objection sérieuse. Et cependant l'étude n'est pas complète ; certains points encore obcurs réclament de nouveaux travaux. Ainsi, le Phylloxera ailé est-il l'unique cause de la propagation du fléau? M. Boitaud dit oui, mais d'autres sont près de conclure que la propagation s'opère à la fois par l'aptère, qui chemine sur le sol, et par l'ailé, qui se déplace de son propre mouvement, ou que le vent, ce véhicule des miasmes délétères, charrie à des distances plus ou moins considérables.

Quoi qu'il en soit, et en admettant même cette hypothèse que le mal pût se propager par l'aptère, il est certain que la destruction du Phylloxera ailé entraverait singulièrement la marche du fléau et permettrait même d'en entrevoir la fin.

A ce point de vue, la recommandation faite par le congrès de nettoyer, de décortiquer les ceps et de les badigeonner de manière à les débarrasser des œufs ou des larves d'insectes que recèlent les mousses ou l'écorce sèche et exfoliée, doit appeler la plus sérieuse attention des vignerons. Le moment favorable, celui de la taille, est proche. Un cep encore indemne qui serait, lors de la taille, bien brossé, puis badigeonné avec l'un des mélanges indiqués plus haut, ou simplement lavé à l'eau bouillante, serait très probablement un cep sauvé. Cela vaut la peine d'être tenté. C'est une mesure d'hygiène qui ne coûtera guère plus que la main-d'œuvre et qui profitera toujours à la vigne qui en sera l'objet. Le parasitisme fuit la propreté ; cela est vrai pour tous les règnes de la nature. Un cep mal entretenu souffre autant dans sa constitution qu'une tête mal peignée. Soulevez la mousse qui recouvre vos vieilles souches et considérez les ravages que la pourriture, provoquée par le titillement et aggravée par l'humidité, y a faits. Pas n'est besoin que le Phylloxera s'en mêle, elle est mourante, elle est morte, et il n'en faut accuser que votre imprévoyance.

Seulement, le Phylloxera agit, lui, à la manière des grandes épidémies; il dépeuple tout un vignoble, comme autrefois la peste toute une ville. L'hygiène publique et privée a délivré l'espèce humaine de ces grands fléaux qui affligeaient périodiquement l'humanité, et nous mettons en fait que les soins hygiéniques dont nous parlions tout à l'heure, appliqués avec intelligence et méthode, suffiraient à eux seuls à débarrasser nos vignobles de l'insecte qui les ravage.

Lorsque nous disions, quelques lignes plus haut, que le congrès de Bordeaux semble avoir répondu, dans ses résultats, à l'intention de ceux qui l'ont organisé, nous aurions pu ajouter que son succès a même franchi les limites de son programme. En effet, en outre des délégués de la Gironde et des départements limitrophes, on remarquait dans l'enceinte un grand nombre de représentants des principaux vignobles de France. Nous avons vu que la Suisse y était représentée par le savant Karl Vogt, qui, dès le premier jour, s'y est fait remarquer par l'étendue de ses vues et la sûreté de ses aperçus. Cette grande affluence de savants, de publicistes, de praticiens de renom, n'était-elle pas l'indice le plus frappant du grand émoi soulevé en France par l'immense danger qui menace notre prospérité nationale?

La Société d'agriculture de la Charente voudra se maintenir à la hauteur du péril et faire face à ce danger commun autant que le lui permettront l'activité de ses membres et ses ressources financières. Si, dans les temps calmes et prospères, les sociétés comme la nôtre ont leur utilité au point de vue de la diffusion du progrès professionnel et des grands intérêts économiques qu'elles représentent, c'est surtout dans les périodes critiques comme celle que nous traversons, et à laquelle nous donnerons volontiers la qualification de *période historique* de la vigne, qu'elles s'affirment et s'imposent à la faveur publique par les services qu'elles sont susceptibles de rendre à la grande cause agricole.

CULTURE DE LA VIGNE DANS LE DÉPARTEMENT DE LA CHARENTE

Produit en 1875 comparé au produit d'une année moyenne.

INDICATION des ARRONDISSEMENTS.	NOMBRE D'HECTARES plantés en vignes.	VIN.			
		NOMBRE d'hectolitres récoltés, année moyenne,		NOMBRE d'hectolitres récoltés en 1875,	
		par hectare.	TOTAL.	par hectare	TOTAL.
Angoulême..........	51235	27 »	1383345	28 20	1447827 »
Barbezieux..........	17342	24 »	416208	28 »	485576 »
Cognac.............	30956	36 »	1144416	49 40	1529226 40
Confolens..........	5338	12 »	64056	10 »	53380 »
Ruffec.............	11334	20 »	226680	28 40	321885 60
Totaux..........	116205	27 84	3234705	33 »	3834895 »

LES QUATRE MOYENS

EMPLOYÉS CONTRE LA COULURE DU RAISIN

Nous extrayons du journal *La Vigne* l'article ci-après :

« La coulure est le mal incontestablement le plus annuel
et le plus persévérant qu'éprouve la vigne. Il sévit sur tous
les cépages et dans toutes les régions viticoles, en Italie
comme en France, comme en Espagne.

« Quatre moyens sont employés pour le combattre ; ce
sont : *le pincement des rameaux fructifiants, la suppression
des vrilles, l'écimage de la grappe, l'incision du sarment.*

« L'opinion de nos viticulteurs en renom est que le pincement des rameaux qui portent les grappes a pour effet
d'entraver la coulure en concentrant sur les organes repro-
ducteurs la chaleur et l'acide carbonique. Ils tiennent pour
constant que la rupture du rameau porte-fruit suscite un
arrêt momentané dans l'ascension de la sève, et qu'ainsi le
raisin noue mieux. Depuis longtemps, les cultivateurs du
Médoc rognent leurs vignes basses avec une faux, comme
s'ils tondaient une haie vive ; ils agissent de la sorte quand
vient la floraison.

« Une longue expérience a démontré que la suppression
des vrilles favorise le développement du raisin et atténue

l'action de la coulure. Le retranchement des vrilles se pratique pendant toute la saison, mais il est indispensable de profiter de la floraison de la vigne pour couper les vrilles qui bifurquent sur les grappes. C'est alors, et dans les quelques jours qui la précèdent, qu'est la période d'efficacité. Plus tard, la suppression des vrilles ne serait plus un remède : la coulure aurait fait son œuvre destructive.

« Le troisième moyen dont l'emploi est indiqué comme efficace contre la coulure de la vigne, c'est l'écimage de la grappe. Qu'entend-on par écimage de la grappe ? C'est le retranchement du bout. Pratiquer l'écimage de la grappe, c'est donc retrancher le quart ou le cinquième de son prolongement. L'opération doit se faire à la période de la floraison. Les raisins, dans la partie de la grappe qui reste après l'ébouquetage, nouent mieux. Depuis un temps immémorial, les vignerons du Jura agissent ainsi à l'égard d'un cépage très répandu en France, la *Mondeuse*. Les vignes à raisins écimés produisent trois fois plus de vin que les vignes à raisins non écimés.

« L'incision du sarment est le quatrième procédé, qui produit aussi d'excellents effets contre la coulure des raisins. »

Redisons ces quatre moyens employés contre la coulure :

1º Pincement des rameaux fructifiants ;

2º Suppression des vrilles et vrillons ;

3º Écimage de la grappe,

Et 4º Incision annulaire.

Ces quatre moyens sont généralement reconnus comme efficaces. Les trois premiers sont pratiqués par nous, chaque année, sur une certaine échelle, dans la direction de vignes de treille ; ils donnent les résultats indiqués dans l'article qui précède. Le quatrième, l'incision annulaire, est d'une efficacité non moins grande que les trois autres, mais, faute d'un instrument pour opérer avec facilité et rapidement, il n'est pas devenu usuel, même en horticulture, comme le sont le pincement, l'évrillage et l'écimage de la grappe. Quelle que soit l'efficacité de ces moyens, cependant, il est des intempéries que rien ne conjure ; le mal est plus puissant que le remède et la grappe coule.

Outre les vrilles, ces appendices qui naissent sur les rameaux et qui ne sont que des grappes avortées, il se montre généralement, à la base des grappes, des appendices moins considérables, mais semblables, lesquels ne sont que des parties de grappes ou *grappets* avortés ou appelés *vrillons*. Ces seconds appendices sont également enlevés.

Une chose à noter, dans cet article de *La Vigne*, c'est l'emploi, en viticulture, en culture de vigne des champs ou vigne à vin, de procédés que l'ont peut dire horticoles ; car ils sont nés évidemment dans les jardins. C'est là qu'ils ont été expérimentés et trouvés d'abord trop minutieux même par les horticulteurs. Les résultats acquis et l'habitude de faire, qui augmente la somme de travail obtenue dans un temps donné, ont fini par vaincre la routine, et les procédés se sont vulgarisés. Il n'est point aux environs de Paris de cultivateurs de raisins de table qui ne pratiquent et le pincement à temps, c'est-à-dire à l'état herbacé, et l'évrillage, et aussi l'écimage de la grappe. Si cette dernière opération, ce qui pourtant est encore préférable, n'est pas faite avant la floraison pour hâter celle-ci et éviter la coulure, elle doit l'être lors du ciselage qu'on fait des grappes pour supprimer tous les petits grains et même les gros, quand les gros sont trop serrés.

Quant à cette opération de ciselage, elle est essentiellement jardinique et destinée à rester jardinique.

ÉTAT *des récoltes en grains et autres farineux faites en 1875 dans le département de la Charente.*

ESPÈCES DE GRAINS et de farineux.	NOMBRE d'hectares ensemencés en chaque espèce de grains et de farineux.	PRODUIT par hectare en 1875.	PRODUIT TOTAL de chaque espèce de grains et de farineux en 1875.	TOTAL des quantités nécessaires pour les besoins annuels de la consommation et des semences.	COMPARAISON DU PRODUIT avec la consommation. Excédant.	Déficit.
		hectolitres.	hectolitres.	hectolitres.		
Froment.............................	100908 »	11 036	1113620 69	1029044 12	84576 57	» »
Méteil...............................	9689 »	13 007	126024 82	113752 38	12272 44	» »
Seigle...............................	14787 »	10 379	153474 27	123332 42	30141 85	» »
Orge.................................	5189 »	12 386	64270 95	61800 67	2470 28	» »
Sarrasin.............................	2263 »	14 508	32831 60	25857 97	6973 63	» »
Maïs et millet.......................	21392 »	12 209	261174 93	212163 52	49011 41	» »
Avoine...............................	24156 »	16 297	393670 33	331256 24	62414 09	» »
Légumes secs.........................	7237 »	8 155	59017 74	67990 48	» »	8972 74
Autres menus grains..................	1685 »	7 800	13143 »	11771 55	1371 45	» »
TOTAUX...............................	187306 »	» »	2217228 33	1976969 35	249231 72	8972 74
					240258 98	
Pommes de terre......................	22264 »	72 940	1623936 16	1378078 48	245857 68	» »
Châtaignes...........................	8162 »	16 740	136631 88	134506 36	2125 52	» »

MERCURIALE. — OCTOBRE 1875.

État du prix moyen des Grains, autres Denrées et Comestibles, dans les principaux Marchés du département de la Charente, pendant la deuxième quinzaine du mois d'Octobre.

NOMS des COMMUNES.	PRIX DE L'HECTOLITRE de														PRIX du k. de		PRIX du kilogramme de										PRIX DU QUINTAL métrique de			
	Froment.		Méteil.		Seigle.		Orge.		Maïs.		Avoine.		Haricots.		Pain blanc.	Pain bis.	Bœuf.		Vache.		Veau.		Mouton.		Cochon.		Foin.		Paille.	
	f.	c.	fr.	c.	f.	c.	f.	c.	f.	c.	f.	c.	f.	c.	c.	c.	f.	c.	f.	c.	f.	c.	f.	c.	f.	c.	f.	c.	f.	c.
Angoulême	18	57	15	10	13	05	12	0	13	0	12	19	28	51	37	29	1	60	1	30	1	80	1	80	1	50	12	0	7	0
La Rochefoucauld	0	0	0	0	0	0	0	0	0	0	0	0	0	0	34	28	1	70	1	60	1	60	1	75	1	40	0	0	0	0
Rouillac	18	50	0	0	0	0	0	0	13	50	12	0	32	47	35	28	1	90	1	70	2	0	2	0	1	80	0	0	0	0
Aubeterre	0	0	0	0	0	0	0	0	0	0	0	0	0	0	40	30	1	40	1	40	1	40	1	60	1	40	0	0	0	0
Baignes	20	0	0	0	0	0	0	0	10	0	11	0	0	0	35	30	1	50	0	0	1	60	1	50	1	30	9	0	5	0
Barbezieux	0	0	0	0	0	0	0	0	0	0	0	0	0	0	35	30	1	60	0	0	1	60	1	60	1	40	9	0	5	0
Chalais	20	0	0	0	0	0	0	0	11	0	12	0	0	0	40	30	1	40	0	0	1	40	1	80	1	50	9	0	5	0
Châteauneuf	20	0	0	0	0	0	0	0	0	0	12	0	0	0	38	29	2	10	2	0	2	10	2	10	1	40	9	0	5	0
Cognac	18	50	0	0	0	0	0	0	0	0	12	0	0	0	36	30	2	10	2	0	2	10	2	10	1	40	9	0	5	0
Jarnac	0	0	0	0	0	0	0	0	0	0	0	0	0	0	36	30	2	10	2	0	2	10	2	10	1	40	9	0	5	0
Chabanais	17	50	13	0	11	0	0	0	0	0	11	0	0	0	40	30	0	0	1	50	1	40	1	40	1	0	8	0	4	40
Confolens	0	0	0	0	0	0	0	0	0	0	0	0	0	0	35	28	1	40	1	40	1	40	1	40	1	40	0	0	0	0
Saint-Claud	18	0	0	0	12	0	12	0	0	0	10	50	18	0	36	32	1	60	1	50	1	60	1	60	1	30	0	0	0	0
Aigre	17	12	12	48	0	0	13	41	13	18	11	15	0	0	33	26	1	60	0	0	1	60	1	70	1	40	9	0	5	0
Mansle	18	0	0	0	0	0	12	50	12	0	10	75	0	0	33	27	1	60	1	60	1	80	1	60	1	40	12	50	5	60
Ruffec	18	75	0	0	0	0	12	50	12	0	11	0	0	0	32	26	1	60	1	60	1	80	1	90	1	50	10	0	4	0

MERCURIALE. — NOVEMBRE 1875.

État du prix moyen des Grains, autres Denrées et Comestibles, dans les principaux Marchés du département de la Charente, pendant la deuxième quinzaine du mois de Novembre.

NOMS des COMMUNES.	PRIX DE L'HECTOLITRE de							PRIX du k. de		PRIX du kilogramme de					PRIX DU QUINTAL métrique de	
	Froment.	Méteil.	Seigle.	Orge.	Maïs.	Avoine.	Haricots.	Pain blanc.	Pain bis.	Bœuf.	Vache.	Veau.	Mouton.	Cochon.	Foin.	Paille.
	f. c.	f. c.	f. c.	f. c.	f. c.	f. c.	f. c.	f. c.	f. c.	f. c.	f. c.	f. c.	f. c.	f. c.	f. c.	f. c.
Angoulême....	19 14	15 0	13 30	13 0	12 41	13 20	28 51	35	28	1 60	1 30	1 80	1 80	1 50	12 0	7 0
La Rochefoucauld	0 0	0 0	0 0	0 0	0 0	0 0	0 0	34	28	1 60	1 50	1 60	1 60	1 50	10 30	7 15
Rouillac....	21 50	0 0	0 0	0 0	13 50	13 0	35 64	40	35	1 80	1 50	0 0	2 0	1 50	0 0	0 0
Aubeterre....	0 0	0 0	0 0	0 0	0 0	0 0	0 0	35	28	1 40	1 40	1 40	1 80	1 40	10 0	6 0
Baignes....	0 0	0 0	0 0	0 0	12 0	10 0	0 0	35	26	1 80	0 0	1 60	1 80	1 40	10 0	4 0
Barbezieux....	18 0	0 0	0 0	0 0	0 0	0 0	0 0	35	30	1 60	0 0	1 60	1 60	1 40	9 0	6 0
Chalais....	19 0	0 0	0 0	0 0	12 0	12 0	0 0	38	28	1 60	0 0	1 60	1 80	1 50	0 0	0 0
Châteauneuf....	21 0	0 0	0 0	0 0	12 0	12 0	0 0	38	29	2 10	0 0	2 10	2 10	1 40	10 0	6 0
Cognac....	20 0	0 0	0 0	0 0	12 0	0 0	0 0	36	30	2 10	0 0	2 10	2 10	1 40	10 0	6 0
Jarnac....	0 0	0 0	0 0	0 0	0 0	0 0	0 0	36	30	2 10	2 0	2 10	2 10	1 40	10 0	6 0
Chabanais....	18 0	13 0	11 0	0 0	0 0	11 0	0 0	40	30	0 0	1 50	1 40	1 40	1 40	8 0	4 40
Confolens....	0 0	0 0	0 0	0 0	0 0	0 0	0 0	35	28	1 40	1 40	1 40	1 40	1 40	0 0	0 0
Saint-Claud....	19 0	0 0	12 0	12 0	11 50	11 0	0 0	36	32	1 60	1 50	1 60	1 60	1 30	0 0	0 0
Aigre....	16 05	12 48	0 0	13 15	13 18	11 66	0 0	33	26	1 60	0 0	1 60	1 60	1 40	12 0	6 0
Mansle....	18 75	0 0	13 0	12 50	12 0	12 0	0 0	34	28	1 60	1 60	1 80	1 60	1 40	12 40	5 60
Ruffec....	19 25	0 0	0 0	12 50	12 50	12 0	0 0	33	27	1 60	1 60	1 80	1 80	1 50	0 0	0 0

MERCURIALE. — DÉCEMBRE 1875.

État du prix moyen des Grains, autres Denrées et Comestibles, dans les principaux Marchés du département de la Charente, pendant la deuxième quinzaine du mois de Décembre.

NOMS des COMMUNES.	PRIX DE L'HECTOLITRE de							PRIX du k. de		PRIX du kilogramme de					PRIX DU QUINTAL métrique de	
	Froment.	Méteil.	Seigle.	Orge.	Maïs.	Avoine.	Haricots.	Pain blanc.	Pain bis.	Bœuf.	Vache.	Veau.	Mouton.	Cochon.	Foin.	Paille.
	f. c.	fr. c.	f. c.	f. c.	f. c.	f. c.	f. c.	c.	c.	f. c.	f. c.	f. c.	f. c.	f. c.	f. c.	f. c.
Angoulême............	19 38	15 25	13 66	0 0	12 50	13 46	28 51	35	28	1 70	1 40	1 85	1 80	1 45	14 0	8 0
La Rochefoucauld	0 0	0 0	0 0	0 0	0 0	0 0	0 0	34	28	1 60	1 50	1 60	1 60	1 50	0 0	0 0
Rouillac............	21 0	0 0	0 0	0 0	13 50	13 25	35 64	40	35	1 80	1 40	0 0	2 0	1 40	0 0	0 0
Aubeterre............	0 0	0 0	0 0	0 0	0 0	0 0	0 0	35	28	1 40	1 40	1 40	1 80	1 40	10 0	6 0
Baignes............	20 0	0 0	0 0	0 0	12 0	10 0	0 0	35	26	1 80	0 0	1 60	1 80	1 40	10 0	4 0
Bardezieux............	0 0	0 0	0 0	0 0	0 0	12 0	0 0	35	30	1 60	0 0	1 60	1 60	1 40	9 0	6 0
Chalais............	20 0	0 0	0 0	0 0	12 0	12 0	0 0	38	28	1 60	0 0	1 60	1 80	1 50	0 0	0 0
Châteauneuf............	21 0	0 0	0 0	0 0	12 0	0 0	0 0	39	30	2 10	0 0	2 10	2 10	1 40	10 0	6 0
Cognac............	20 0	0 0	0 0	0 0	12 0	12 0	0 0	36	30	2 10	0 0	2 10	2 10	1 40	10 0	6 0
Jarnac............	0 0	0 0	0 0	0 0	0 0	0 0	0 0	36	30	2 10	2 0	2 10	2 10	1 40	10 0	6 0
Chabanais............	19 0	13 0	11 0	0 0	0 0	11 0	0 0	40	30	0 00	1 50	1 40	1 40	1 40	8 0	4 40
Confolens............	0 0	0 0	0 0	0 0	0 0	0 0	0 0	35	28	1 40	1 40	1 40	1 40	1 40	0 0	0 0
Saint-Claud............	19 0	0 0	12 0	12 0	12 0	10 50	28 51	36	30	1 60	1 50	1 60	1 60	1 40	0 0	0 0
Aigre............	17 88	13 34	0 0	12 55	13 0	11 65	0 0	35	28	1 60	0 0	1 60	1 50	1 40	12 0	7 0
Mansle............	19 20	0 0	0 0	12 50	13 0	12 0	0 0	35	29	1 60	1 00	1 80	1 60	1 40	0 0	0 0
Ruffec............	19 75	0 0	0 0	13 0	13 0	11 50	0 0	34	28	1 60	1 60	1 80	1 80	1 50	11 0	5 60

TABLE DES MATIÈRES

FIN DE LA TABLE DES MATIÈRES.